Flüssigen Stahl gießt man in eine Form und läßt ihn dann abkühlen (siehe Seite 90).

Das große Antwort Buch

von Mary Elting

Neubearbeitet von Emmanuel De Vocht
Illustrationen von Jo Blockerije, Anne-Lies Ihme, Dirk Lodewijckx, Reiner Zieger und Emmanuel De Vocht

Tessloff Verlag · Hamburg

Inhalt

Weltall und Erde

Wie es begann

Pflanzen und Tiere

Was es ist und wie es funktioniert

Von Ländern und Völkern

Kapitel 1

Weltall und Erde

Was ist das Weltall?

Erde und Mond, die anderen Planeten, die Sonne und alle Sterne zusammen nennt man das Weltall. Einige Sterne sind so weit von uns entfernt, daß man sie nur mit einem Fernrohr sehen kann. Andere sind noch weiter weg. Man kann sie auch mit den stärksten Fernrohren nicht entdecken. Wie wissen wir, daß es sie gibt? Den Astronomen ist es gelungen, von diesen Sternen mit Fernrohren und hochempfindlichen Filmen fotografische Aufnahmen zu machen. Man nimmt an, daß es noch viel weiter entfernte Sterne gibt, deren Licht uns aber nicht mehr erreicht.

Wie entstand das Weltall?

Viele Wissenschaftler meinen, daß das Weltall von jeher besteht und immer bestehen wird. Es ist also nie entstanden, es ist immer dagewesen. Aber die Sterne, die Planeten und die anderen Himmelskörper sahen nicht immer so aus wie heute. Sie haben sich im Laufe von Jahrmillionen ständig verändert. Alte Sterne erlöschen und schrumpfen zusammen. Kometen und Planetoiden zerplatzen, wenn sie im All mit anderen Himmelskörpern zusammenstoßen. Und ständig werden irgendwo im Weltraum neue Sterne geboren.

Unten: Die Milchstraße

Was ist die Milchstraße?

In klaren Nächten kannst du ein breites, silberfarbenes Band wie eine Wolke am Himmel sehen. Das ist die „Milchstraße". Sie besteht aus lauter Sternen, aus über hundert Milliarden Sternen! Wenn wir zum Himmel blicken, sehen wir nur einen Teil der Milchstraße. Wenn wir sie ganz sehen könnten, würde sie uns als ein großes Rad erscheinen, dick und massig in der Mitte und zum Rand hin immer dünner werdend. Man bezeichnet die Milchstraße auch als „Galaxis" oder Sternsystem. Wie alles im Weltraum, dreht sich das Sternenrad unaufhörlich.
Um bei diesem Bild zu bleiben: Stell dir vor, die Milchstraße sei ein Karussell, das sich immer dreht. Denk dir am äußeren Rand des Karussells einen sich drehenden Kreisel. Dieser Kreisel wäre die Sonne. Stell dir weiter vor, daß eine Biene um den sich drehenden Kreisel brummt. Die Biene wäre die Erde. Stell dir schließlich vor, daß eine kleine Fliege dauernd um die Biene summt. Die Fliege wäre der Mond, der die Erde umkreist. Nun hast du das Bild: Der Mond umkreist die Erde, beide kreisen um die Sonne, und alle drei drehen sich um den Mittelpunkt der Milchstraße. – Wie lange es dauert, bis die Milchstraße eine ganze Umdrehung gemacht hat? Zweihundert Millionen Jahre!
Nun glaubst du vielleicht, es gebe im Weltraum nur eine Milchstraße. So unglaublich es klingt: Astronomen meinen, daß es eine Milliarde anderer Milchstraßen gibt, jede mit Milliarden Sternen.

Unten: Die Erde dreht sich in einer Bahn um die Sonne.

Was ist das Sonnensystem?

Die Sonne ist ein Himmelskörper. Für uns ist sie der wichtigste Himmelskörper – außer der Erde natürlich. Von der Sonne empfangen wir Wärme und Licht. Erde, Merkur, Venus, Mars, Jupiter, Saturn, Uranus, Neptun und Pluto sind Planeten. Sie bewegen sich alle in einer Umlaufbahn um die Sonne. Zwischen diesen Bahnen kreisen noch viele andere, wesentlich kleinere Himmelskörper, Planetoiden genannt. Noch kleiner als diese sind Kometen und Meteoriten. Sonne, Planeten, Planetoiden, Kometen und Meteoriten zusammen nennen wir „Sonnensystem". Im Weltall gibt es außer unserem Sonnensystem noch unzählige andere.

Der Halleysche Komet wurde zuletzt 1910 beobachtet. 1986 soll er wieder zu sehen sein.

Was ist ein Komet?

Ein Komet ist ein Himmelskörper. Wenn er sich der Sonne nähert, brechen durch die starke Hitzeeinwirkung leuchtende Gasmassen aus seinem Innern hervor. Bei manchen Kometen bilden diese Gase hinter dem Kometenkern einen Schweif. Das sieht sehr eindrucksvoll aus. Früher glaubten daher die Menschen, daß ein Komet ein außergewöhnliches Ereignis ankünde, meist ein Unheil. In der Bibel folgen die Heiligen Drei Könige einem wandernden Stern. Das könnte gut ein Komet gewesen sein, denn Kometen sind manchmal wochenlang zu sehen. Sie scheinen sich ganz langsam über den Himmel zu bewegen. In Wirklichkeit fliegen sie jedoch rasend schnell. Mit dem bloßen Auge sind Kometen nur selten zu erkennen. 1986 soll der Halleysche Komet in Erdnähe vorbeifliegen.

Was ist eine Sternschnuppe?

Plötzlich leuchtet es irgendwo am nächtlichen Himmel auf – eine Sternschnuppe! Sie erlischt nach kurzer Bahn. Ein *Meteor*, sagen die Wissenschaftler. Täglich dringen hundert Millionen Sternschnuppen in die Lufthülle der Erde ein. Es sind winzige Teilchen fester Materie aus dem Weltall. Wenn sie die Lufthülle durchstoßen, glühen sie. Tagsüber kann man sie nicht wahrnehmen, weil ihr Licht am hellen Himmel zu schwach ist. Manchmal dringt auch ein besonders großer Brocken aus dem All in die Lufthülle ein. Das ist ein *Meteorit*. Häufig explodieren Meteorite hoch oben in der Luft und zerstreuen ihre Bruchstücke über weite Gebiete. Einige sehr große Meteoriten haben die Erde aber auch schon getroffen. So ist das Nördlinger Ries in der Schwäbischen Alb, ein kreisrunder Kessel von 20 bis 24 km Durchmesser, vor 14 Millionen Jahren durch Meteoriteneinschlag entstanden.

Wie weit ist es bis zum nächsten Stern?

Unsere Sonne ist ein Stern, und sie steht uns näher als irgendein anderer Stern. Aber so war deine Frage sicher nicht gemeint. Nun: Der nächste Stern – nach der Sonne – heißt *Alpha Centauri* und ist mehr als 40 Billionen Kilometer (40 mit 12 Nullen!) von der Erde entfernt.
Die Entfernungen im Weltraum sind unvorstellbar groß. Es ist zu umständlich, sie nach Kilometern zu berechnen – die Zahlen würden zu viele Nullen haben. Die Astronomen messen daher die Entfernungen nach *Lichtjahren*. Ein Lichtjahr ist die Anzahl der Kilometer, die das Licht in einem Jahr zurücklegen kann. Das Licht bewegt sich sehr schnell: etwa 300 000 Kilometer in der Sekunde. In einem Jahr sind das fast 10 Billionen Kilometer!
Wenn du zu dem Stern siehst, der uns am nächsten steht, erblickst du ein flimmerndes Licht. Das Licht, das du siehst, ist schon fast $4^1/_2$ Jahre Tag und Nacht mit seiner ungeheuren Geschwindigkeit zur Erde unterwegs gewesen!
Wenn du meinst, dieser Stern sei unvorstellbar weit entfernt, dann wirst du jetzt staunen: Die Astronomen haben einen Stern entdeckt, der so weit weg ist, daß sein Licht bis zur Erde zwei Milliarden Jahre braucht!

Was brachte die Sonne zum Glühen?

Wie entstand die Sonne überhaupt? Man nimmt an, daß der ganze Weltraum mit einem sehr dünnen Gas gefüllt war, dem *Urnebel*. An einigen Stellen war er dichter als an anderen. Hier und da war er so dicht, daß er feste Teilchen enthielt und einer Wolke glich. Die Gasmassen gerieten in eine drehende Bewegung.
Aus solch einer sich drehenden Gas- und Staubwolke soll vor etwa 5 Milliarden Jahren unsere Sonne entstanden sein. Durch die kreisende Bewegung ballten sich die Staubteilchen und Gase im Innern der Wolke immer fester zusammen, bis sich schließlich ein dichter, glühender Körper bildete – die Sonne.

Die Wintersonne durchdringt den Morgennebel.

Der gewaltige Druck, mit dem die Teilchen in ihrem Innern zusammengedrückt wurden, erzeugte große Hitze. Dadurch wurde der Wasserstoff, aus dem die Sonne zum größten Teil bestand, in ein anderes Gas, Helium, umgewandelt. Bei der Umwandlung von Wasserstoff in Helium wird Energie frei. Die Oberfläche der Sonne wurde rot und heiß. Die Energie aus ihrem Innern erreichte in Form von Strahlung – das heißt Licht und Wärme – unsere Erde.
Unablässig strahlt die Sonne seither Licht und Wärme aus. Die Wissenschaftler schätzen, daß sie genügend Wasserstoff enthält, um noch sehr lange so weiterzubestehen, wie sie heute ist. Sie meinen, daß der Energievorrat der Sonne noch für etwa 5 Milliarden Jahre ausreicht!
Nach diesem Zeitraum wird sie immer heißer werden, so heiß, daß schließlich alles auf der Erde verbrennt und die Meere verdampfen. Dieses Aufflammen dauert aber nur kurze Zeit, dann wird die Sonne zusammenschrumpfen und kalt und dunkel werden.

Woraus besteht die Sonne?

Die Sonne sieht wie ein riesiger Feuerball aus, und sie ist auch tatsächlich ein glühender Gasball, der ein helles Licht ausstrahlt. Zu einem großen Teil besteht die Sonne aus Wasserstoff, zu einem weiteren aus Helium. Außerdem enthält sie noch etwa 50 andere Stoffe, die auch auf der Erde vorkommen, wie Eisen und Nickel. Auf der Erde sind diese Metalle fest, wie auch Eis fest ist. Wenn man Eis erhitzt, wird es zu Wasser und dann zu einem heißen Gas, zu Dampf. Die Sonne ist so heiß, daß die Metalle in ihrem Innern gasförmig sind.

Wie kommt es, daß die Erde um die Sonne kreist?

Vielleicht hast du schon einmal mit einem Ball gespielt, der an einem Band befestigt war. Wenn du den Ball im Kreis schwingen läßt, spürst du deutlich, wie es am Band zieht. Solange du den Ball in Bewegung hältst, bleibt er in der Luft und fliegt immer rundherum.
Die Erde verhält sich so wie dieser Ball. Sie umkreist die Sonne. Aber wo ist das Band, das sie hält? Es gibt natürlich kein Band von der Erde zur Sonne. Aber es gibt etwas, das ebenso wirkt. Eine starke unsichtbare Kraft zieht die Erde zur Sonne: Diese Kraft ist die Anziehungskraft der Sonne.
Die Sonne zieht die Erde an, aber die Erde übt einen Gegenzug aus – wie der Ball am Ende des Bandes. Der Zug der kreisenden Erde gleicht den Zug der Anziehungskraft der Sonne aus. Und so bleibt die Erde auf einer regelmäßigen Bahn; sie wird „Erdumlaufbahn“ genannt.

Gleichen die anderen Planeten der Erde?

Ob jemals Menschen auf den anderen Planeten landen können, weiß man noch nicht. Aber durch Beobachtungen und Messungen sowie durch Raumsonden, die an den Planeten vorbeifliegen und auf einigen auch schon gelandet sind, wissen wir, daß es dort anders aussieht als auf der Erde. Kein Planet gleicht dem ande-

ren. Die Venus ist stets von einer dichten Wolkendecke umgeben. Sie besitzt eine Atmosphäre, aber die Temperaturen auf diesem Planeten sind so unvorstellbar hoch, daß Leben dort nicht möglich ist.
Jupiter und Saturn haben ebenfalls eine Atmosphäre, die aus giftigen Gasen besteht. Beide Planeten sind mit ewigem Eis bedeckt.
Merkur, der kleinste und sonnennächste Planet, ist viel zu heiß, als daß es dort Leben geben könnte. Er ist nicht viel größer als unser Mond.
Der erdnächste Planet, Mars, ist der Erde auch am ähnlichsten. Er dreht sich mit fast der gleichen Geschwindigkeit. Ein Marstag dauert 24,5 Stunden. Da der Mars aber weiter von der Sonne entfernt ist, ist ein Marsjahr so lang wie zwei Erdenjahre. Seine Atmosphäre enthält Wasserdampf. Leben wäre hier also denkbar, aber man hat noch keine Spuren entdeckt.

Warum spüren wir nicht, daß die Erde sich dreht?

Jeden Tag machen wir eine riesige Karussellfahrt. Die Erde dreht sich beständig. Wir in Deutschland drehen uns in jeder Stunde etwa 1100 km. Warum spüren wir nicht, daß wir uns bewegen?
Wenn ein Karussell sich dreht, merken wir das auch mit geschlossenen Augen. Wir fühlen, wie es beim Drehen rüttelt und wackelt. Wir hören auch knarrende Geräusche. Das sind Zeichen, die uns verraten, daß wir in Bewegung sind.
Die Erde gibt uns keine solchen Zeichen. Sie dreht sich sanft und geräuschlos im Weltraum. Wenn wir die Augen nicht

Alle Planeten drehen sich um die Sonne: 1. Merkur, 2. Venus, 3. Erde, 4. Mars, 5. Jupiter, 6. Saturn, 7. Uranus, 8. Neptun, 9. Pluto.

schließen, haben wir bei einer Karussellfahrt noch andere Anhaltspunkte. Menschen, Häuser, Bäume – wir sehen sie jedesmal, wenn wir an ihnen vorbeifahren. Sonne und Sterne sind für uns auch Anhaltspunkte, aber es dauert ganze 24 Stunden, ehe wir an ihnen zum zweitenmal vorbeikommen. Unsere Augen vermitteln uns darum nicht die Empfindung, daß wir uns bewegen. Im Gegenteil, wir haben das Gefühl, daß Sonne und Sterne sich bewegen und nicht die Erde.

Wie ist der Mond entstanden?

Der Mond ist der Trabant der Erde. Auf einer festen Umlaufbahn umkreist er die Erde einmal in nicht ganz einem Monat. Der Mond ist ungefähr 384 000 km von uns entfernt. Das ist sehr weit, aber mit einem Fernrohr können wir ihn gut beobachten. Seit 1969 kann der Mensch sogar dorthin fliegen.

Der Mond im ersten Viertel.

Der Mond hat die Menschen schon immer fasziniert. Früher glaubten manche Gelehrte, er sei aus der Erde hervorgegangen, also ein Stück Erde, das sich losgelöst habe. Möglich wäre das schon, denn die Erde war vor langer Zeit eine weiche Masse, die sich mit ungeheurer Geschwindigkeit um sich selbst drehte. Dabei könnte sich gut ein Stück gelöst haben. Andere meinten jedoch, Erde und Mond seien unabhängig voneinander entstanden.
Seit den Mondlandungen neigen immer mehr Wissenschaftler zu der Ansicht, daß sich der Mond vor rund 4,6 Milliarden Jahren durch Zusammenballung von Gasen gebildet habe und nur „durch Zufall" auf eine Umlaufbahn um die Erde gelangt sei. Aber diese Theorie ist nicht endgültig. Die Forschungen sind noch lange nicht abgeschlossen.

Warum nimmt der Mond ab und wieder zu?

Der Mond umkreist die Erde. Eine vollständige Umdrehung dauert fast einen Monat. Gleichzeitig dreht der Mond sich auch um sich selbst, und zwar in der gleichen Zeit. Deshalb sehen wir von ihm immer nur dieselbe Seite.
Obwohl der Mond nachts ganz hell leuchtet, scheint er nicht aus eigener Kraft. Er wirft das Sonnenlicht zurück, und dadurch können wir ihn von der Erde aus sehen.

Auf seiner Erdumkreisung steht der Mond auch einmal genau zwischen Sonne und Erde. Das Sonnenlicht fällt dabei nur auf die uns abgewandte Seite, während die uns zugewandte Seite völlig im Dunkeln liegt. Das nennen wir Neumond (1). Eine Woche später ist bereits die rechte Hälfte des Mondes zu sehen (3); man nennt das das erste Viertel. Eine weitere Woche danach ist die uns zugewandte Mondseite

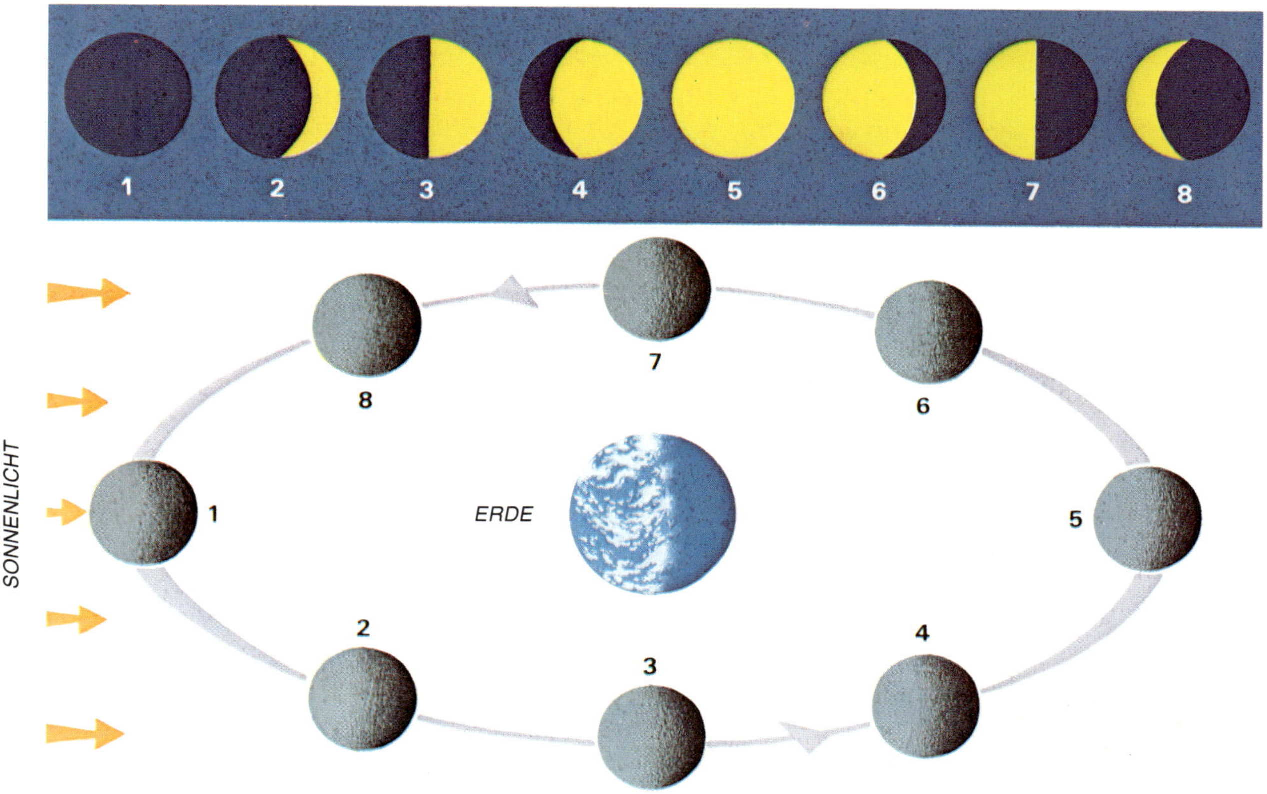

Ganz oben sehen wir die einzelnen Mondphasen, wie sie von der Erde aus im Laufe eines Monats zu sehen sind. Die Abbildung darunter zeigt die Stellung des Mondes zur Sonne und zur Erde. Wenn du dir vorstellst, daß wir den Mond ja von der Erde aus sehen – und zwar nur die von der Sonne beschienene Seite –, dann wird dir sicher klar, warum der Mond einmal unsichtbar, dann wieder halb oder ganz zu sehen ist. Die Zahlen der oberen Zeichnung entsprechen denen der unteren.

ganz von der Sonne beschienen, und wir haben Vollmond (5). Wieder eine Woche später ist nur noch die linke Hälfte zu sehen, das letzte Viertel (7). Nach einer weiteren Woche steht der Mond abermals zwischen Sonne und Erde, und die uns zugewandte Seite des Mondes liegt im Dunkeln: Wir haben dann wieder Neumond.
Auf der Abbildung oben werden auch die Zwischenpositionen des Mondes gezeigt: zwischen Neumond und erstem Viertel sowie zwischen letztem Viertel und Neumond ist der Mond nur als dünne Sichel zu sehen, deren Spitzen einmal nach links und einmal nach rechts zeigen (2 und 8). Zwischen erstem Viertel und Vollmond sowie zwischen Vollmond und letztem Viertel kannst du $^3/_4$ des Mondes erkennen (4 und 6).

Wie funktioniert ein Raketenantrieb?

Du kannst das selbst ausprobieren: Nimm einen Luftballon und puste ihn auf! Je mehr du bläst, desto größer wird er. Die Luft im Innern drückt gegen die dünne Gummihaut und bläht den Ballon auf. Wenn du den Ballon losläßt, schießt er mit einem Zischen weg. Wie kommt es, daß er so schnell davonfliegt?

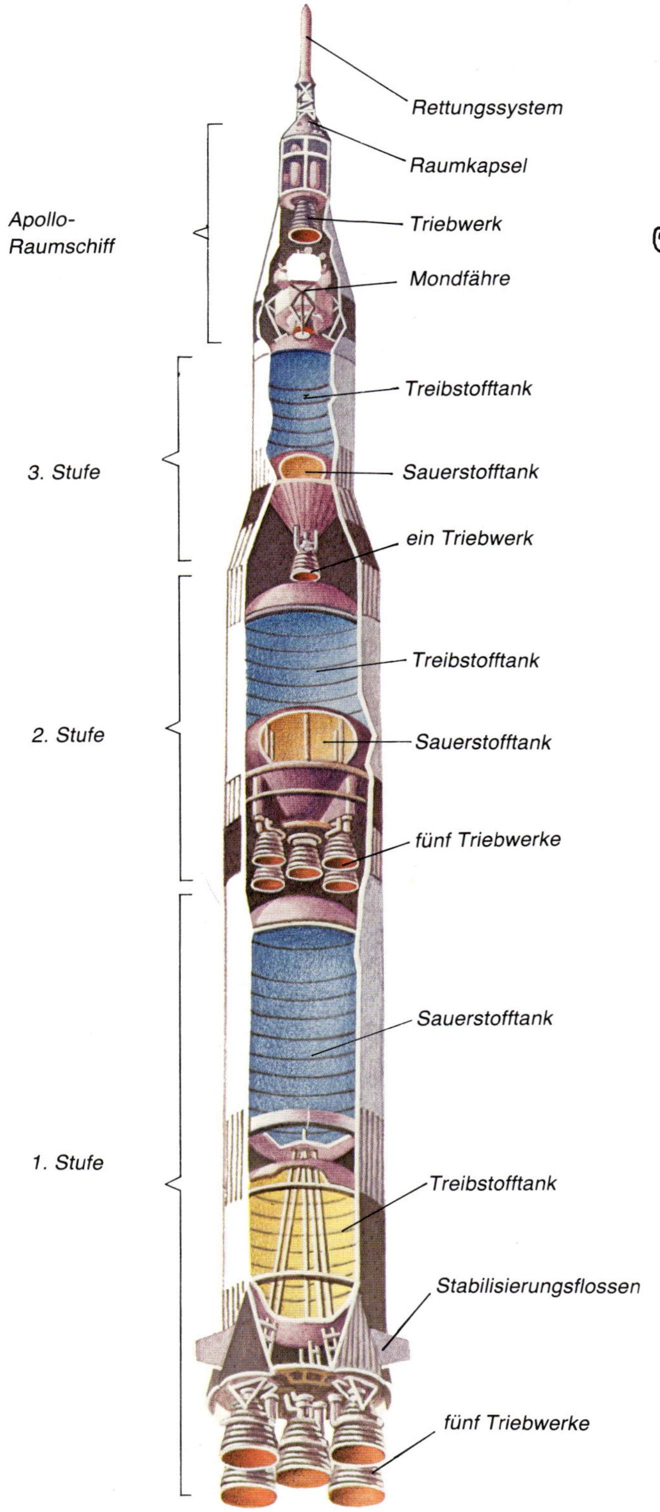

Schnitt durch die Mondrakete Saturn 5. Um die Schwerkraft der Erde überwinden und größere Höhen erreichen zu können, muß diese Trägerrakete enorm viel Energie aufbringen. Darum besteht sie aus drei hintereinandergeschalteten Raketen, die nach oben hin immer kleiner werden und von denen jede ihren eigenen Sauerstoff- und Treibstoffvorrat hat. Nacheinander werden die drei Stufen gezündet und abgetrennt, sobald der Treibstoff verbraucht ist. Das Raumschiff mit Raumkapsel, Triebwerk und Mondfähre kehrt zur Erde zurück.

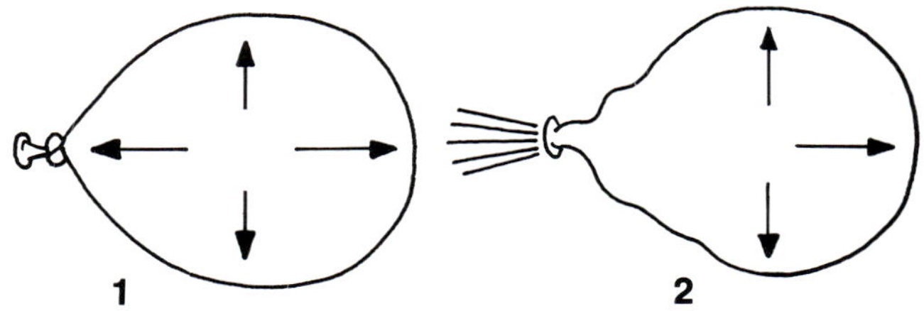

Schau dir einmal die Abbildungen 1 und 2 oben auf der Seite an, dann verstehst du besser, wie das vor sich geht: Die Pfeile in Abbildung 1 zeigen, wie die Luft überall gleich stark gegen die Innenwand des Ballons drückt. Auf Abbildung 2 entweicht die Luft durch die Öffnung des Luftballons, drückt aber immer noch auf die gegenüberliegende Ballonseite. Sie stößt den Ballon vorwärts.
In einem Raketentriebwerk entstehen heiße Gase, wenn der Treibstoff verbrennt. Unter gewaltigem Lärm schießen die Gase durch eine Öffnung am Raketenende. Zur gleichen Zeit drücken die Gase nach vorn. Dieser Druck läßt die Rakete starten und fliegen.
Der Raketenantrieb beruht auf einem Naturgesetz: Jede Kraftwirkung in einer Richtung verursacht eine gleichgroße Wirkung in der Gegenrichtung.

Wie sieht eine Raumkapsel von innen aus?

Eine Weltraumrakete besteht aus mehreren aufeinandergesetzten Einzelraketen, die man Stufen nennt. Sie enthalten den Treibstoff und werden nacheinander gezündet. Wenn der Treibstoff der ersten Stufe verbrannt ist, wird sie abgeworfen und fällt ins Meer. Dann folgt die zweite und schließlich die dritte Stufe. Übrig bleibt das Raumschiff mit der Kapsel, in der die Astronauten sitzen.

In der Raumkapsel, auch Kommandoteil genannt, sind die Astronauten so bequem untergebracht, wie es die Enge erlaubt. Hier sind sie vor den Strahlungen aus dem Weltraum geschützt. Während des Fluges tragen sie leichte Spezialanzüge. Es gibt elektrische Beleuchtung und kaltes und warmes Wasser. Die Luft in der Kabine enthält genau die richtige Menge Sauerstoff und Feuchtigkeit.
Sämtliche Geräte, die für den Flug und die Verbindung zur Erde nötig sind, sind hier untergebracht. Einen Teil des Raumes nimmt die sogenannte „Kommandobrücke“ ein. Von hier aus werden die Triebwerke überwacht und gesteuert. Berichte werden hier auf Band gesprochen. Ein Computer berechnet ständig den Kurs und nimmt Korrekturen vor. Das Raumschiff wird normalerweise von der Bodenstation aus gesteuert. Im Notfall können die Astronauten aber auch auf Selbststeuerung umschalten.
Die Raumkapsel ist auch der Aufenthaltsraum der Astronauten, in dem sie schlafen, essen und arbeiten. Alles, was sie brauchen, ist in Klappschränken untergebracht. In einer kleinen Kochnische werden die Mahlzeiten aufgetaut und zubereitet. Unter den Liegen sind ihre Schlafsäcke und Raumanzüge verstaut. Jeder Kubikzentimeter der Kabine ist sinnvoll genutzt.

Das Innere einer Raumkapsel.

Können die Astronauten ihre Rakete selber steuern?

Wenn eine Rakete startet, ist ihre Geschwindigkeit so groß, daß die Astronauten sich in ihren Sesseln kaum bewegen können. Sie wären nicht in der Lage, irgendwelche Schaltknöpfe und Hebel zu betätigen. Wie du auf Seite 16 sehen kannst, besteht eine Rakete aus mehreren Stufen. Jede Stufe hat ihre eigenen Triebwerke und ihren eigenen Brennstoffvorrat. Wenn der Brennstoff der ersten Stufe verbraucht ist, wird sie abgeworfen. Gleichzeitig zünden die Triebwerke der zweiten Stufe. Auch diese wird abgelöst, sobald der Brennstofftank leer ist, und die Rakete wird dadurch noch leichter. Die dritte Stufe bringt die Raumkapsel schließlich in die Erdumlaufbahn. All diese Manöver werden über einen Computer gesteuert. Von nun an können die Astronauten ihre Raumkapsel selber lenken, das Kommando wird jedoch weiterhin von der Bodenstation aus gegeben.

Die kleineren Raketen, die die Geschwindigkeit des Raumfahrzeuges bremsen müssen, laufen bei der Landung auf dem Mond auf vollen Touren.

Wie landet ein Raumschiff auf dem Mond?

Das Raumschiff wird von Raketen in den Weltraum hinausgetragen und fliegt auf den Mond zu. Wie die Erde übt auch der Mond eine Anziehungskraft aus. Wir nennen das Schwerkraft. Sobald sich das Raumschiff dem Mond nähert, wird es von ihm angezogen. Da das Raumschiff außerdem mit hoher Geschwindigkeit fliegt, würde es auf dem Mond zerschellen. Aus diesem Grund hat man es mit kleinen Bremsraketen ausgerüstet, die die Geschwindigkeit verlangsamen. Auf diese Weise kann es weich landen. Das Raumschiff ist mit verschiedenen dieser kleinen Raketen ausgestattet. Einige ermöglichen eine weiche Landung, mit anderen kann es die Richtung ändern; das sind die Steuerungsraketen.

Wie bewegt sich ein Mondauto?

Für ihre Erkundungsfahrten auf dem Mond benutzten die amerikanischen Astronauten einen „Mondjeep". Darin konnten sie auch ihre Geräte transportieren. Natürlich war das kein gewöhnliches Fahrzeug. Es mußte sich ja im fast luftleeren Raum vorwärtsbewegen können. Außerdem ist die Schwerkraft auf dem

Mond etwas geringer als auf der Erde. Auch die Bodenbeschaffenheit war so gut wie unbekannt. Jedes Rad des Fahrzeugs wurde von einem batteriegespeisten Elektromotor betrieben. Vorder- und Hinterräder waren getrennt lenkbar. Die Astronauten fuhren etwa 100 km mit dem Mondauto. Auf der Fahrt zum Mond lag es zusammengeklappt in der Mondfähre.

Das Mondauto vor dem Raumfahrzeug nach der Landung auf dem Mond.

Welchen Nutzen haben uns die Mondflüge gebracht?

Viele Menschen finden, daß durch die Fahrten zum Mond nur Geld verschwendet wird. Aber wir haben dadurch auch viel gelernt. Zunächst einmal über den Mond selbst: Wir wissen nun, daß es auf ihm kein Wasser gibt und man dort nicht leben kann. Und daß Erde und Mond ungefähr gleich alt sind. Aber wichtiger sind eigentlich die Entdeckungen, die wir dabei für unser Leben auf der Erde gemacht haben. Denn zur Vorbereitung auf die Mondlandungen haben viele Wissenschaftler unzählige Untersuchungen und Tests durchgeführt. Auf diese Weise wurden zahlreiche neue Erkenntnisse über den menschlichen Körper gewonnen. Das war vor allem für die Medizin wichtig. Daneben hat man auch spezielle Materialien für die Raumfahrt entwickelt, die uns nun in vielen Bereichen das Leben erleichtern. Ein Beispiel sind die Quarzuhren. Die Ergebnisse aus der Weltraumforschung haben so zur Entwicklung vieler neuer Techniken auf anderen Gebieten geführt.

Wie entstehen Vulkane?

Unter der festen Erdkruste gibt es feurigflüssiges Gestein, das *Magma.* Dieses Magma sucht sich besonders brüchige Stellen der Erdkruste, durch die es hochsteigt. Es sind Spalten und Risse in der Erdoberfläche. In diesen „schwachen Zonen" liegen die Vulkane der Erde.
Bei Vulkanausbrüchen tritt das *Magma* zutage. Wenn es abgekühlt ist, sprechen wir von *Lava.* Sie häuft sich rund um die Öffnung des Vulkans, den Krater, auf. Dabei entsteht ein Vulkankegel, der sich bei jedem neuen Ausbruch um eine Schicht erhöht.
Manchmal stauen sich im Erdinnern heiße Gase und explodieren unter ungeheurem Druck. Dabei verwandelt sich das Magma in glühende Steinchen und Asche, die viele Kilometer im Umkreis alles unter sich begraben.
Die meisten Vulkane entstanden, als die Kruste der Erde noch nicht ganz fest war. Aber auch heute noch entstehen Vulkane. Im Jahre 1943 sah ein Bauer in Mexiko Rauch aus einem 10 cm großen Loch kommen. Das Loch wurde größer und begann, vulkanische Asche auszuspukken. Innerhalb einer Woche hatte sich ein 150 m hoher Kegel gebildet. Ein paar

Schnitt durch einen Vulkan. Durch den Krater dringen der Lavastrom und die giftigen Gaswolken nach außen. Das untere Foto zeigt einen glühenden Lavastrom.

Wochen später war er schon 300 m hoch. Ein neuer Vulkan war entstanden.
Wenn ausfließende Lava mit Wasser in Berührung kommt, erstarrt sie genauso wie in der Luft. So bauen sich auch Vulkane, die unter Wasser auf dem Meeresboden liegen, bei jedem Ausbruch höher auf und werden schließlich Inseln. Hawaii ist zum Beispiel eine Inselgruppe vulkanischen Ursprungs.
1963 und 1966 stiegen vor Island zwei neue Vulkankegel aus dem Meer: Surtsey und Syrtlingur. Heute sind daraus zwei ganz neue Inseln entstanden, auf denen sich inzwischen schon Pflanzen und Tiere angesiedelt haben.

Einer der vielen Geiser auf Island.

Wie entstehen Geiser?

Ein Geiser ist eine besondere Quelle. Das Wasser fließt nicht stetig, sondern spritzt stoßweise heraus. Außerdem ist das Wasser eines Geisers kochendheiß.
Heiße Quellen können dort vorkommen, wo glutflüssiges Gestein in der Erdkruste eingeschlossen ist und Wasser erhitzt. Aber zwei Voraussetzungen müssen erfüllt sein, damit eine heiße Quelle zum Geiser wird: Es muß einen unterirdischen Hohlraum geben, in dem sich Wasser ansammelt, und ein schmaler Kanal muß von diesem Hohlraum nach oben führen. Und so arbeitet ein Geiser: Das in dem Hohlraum angesammelte Wasser wird durch die Hitze des glutflüssigen Gesteins tief im Erdinnern erhitzt und zum Sieden gebracht. Aber anders als kochendes Wasser in einem Topf, das zu Dampf wird und nach oben entweicht, kann das siedende Wasser im Hohlraum eines Geisers nur schwer nach oben abziehen: Lediglich eine schmale Öffnung führt in die Höhe, und das kalte Wasser darin wirkt wie ein Korken auf einer Flasche. Der Dampf kann wegen des Korkens nicht

entweichen. Nach und nach entsteht auf diese Weise in der Höhle ein immer stärkerer Druck.
Schließlich wird der Druck des Dampfes so stark, daß er das Wasser in der Öffnung des Geisers nach oben treibt. Nun verwandelt sich sofort weiteres Wasser in Dampf, der auch ausgestoßen wird. Immer schneller wandelt sich Wasser in Dampf um, und immer mehr Wasser wird durch den engen Kanal nach oben gedrückt. Es steigt in einer Säule höher und höher in die Luft. Dann endet alles ebenso plötzlich, wie es begann. Der unterirdische Hohlraum ist leer. Es muß sich erst wieder genügend Wasser ansammeln, damit der Geiser erneut „springen" kann.

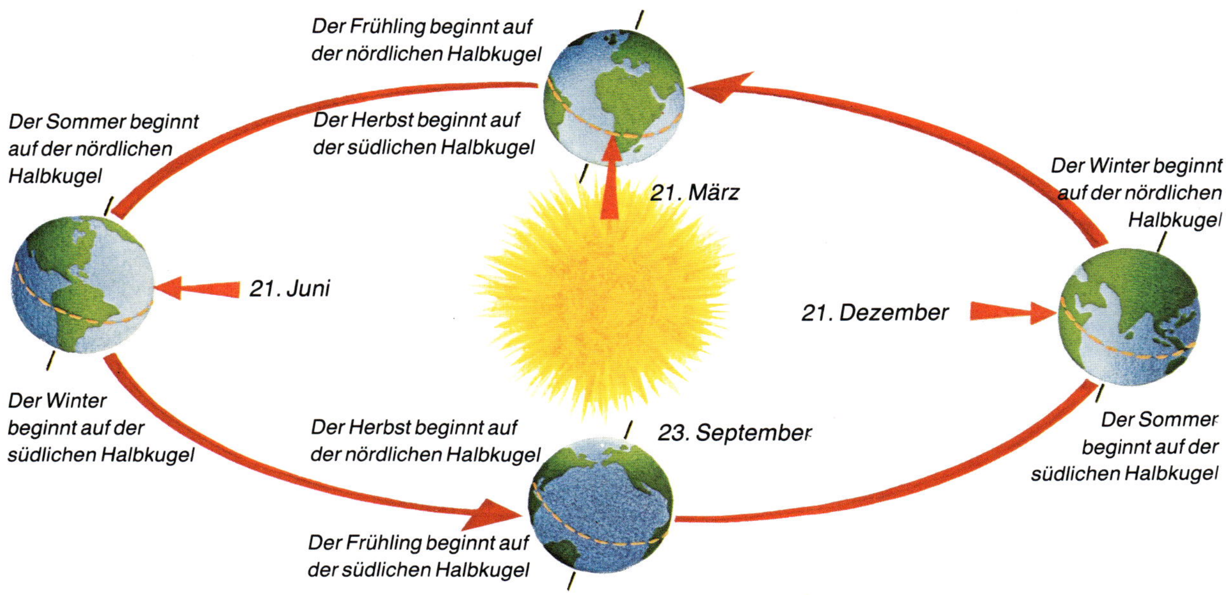

Da die Achse der Erde schräg zur Sonne steht und die Erde sich um die Sonne dreht, erreicht das Sonnenlicht die Erdoberfläche nicht immer auf dieselbe Weise. Ab 21. Juni fällt das Sonnenlicht mehr auf die nördliche Halbkugel; dadurch wird es wärmer (Sommer). Von diesem Zeitpunkt an erhält die südliche Halbkugel weniger Sonnenlicht, und es wird dort kälter (Winter). Nach sechs Monaten – also ab 21. Dezember – ist es genau umgekehrt.

Warum ist es im Sommer wärmer als im Winter?

Ob Sommer oder Winter, immer spendet uns die Sonne Licht und Wärme. Ihre Strahlen erwärmen die Häuser und den Boden. Sie erwärmen das Wasser in Seen und Flüssen, und sie erwärmen uns. Wo viel Sonnenlicht hingelangt, ist es sehr warm. Wo die Sonne weniger scheint, ist es kälter.
Im Sommer fällt viel Sonnenlicht auf Europa. Es erwärmt die Erde jeden Tag viele Stunden lang: Wir haben warmes Wetter. Im Winter, wenn die Sonne bei uns spät aufgeht und früh untergeht, ist es kälter. Auf der Abbildung kannst du sehen, wie die verschiedenen Jahreszeiten entstehen.

Woher wissen wir, wie es im Innern der Erde aussieht?

Nimm einmal an, man könnte ein 6500 km tiefes Loch graben, geradewegs auf den Erdmittelpunkt zu. Was würde man wohl auf dem Weg finden? Obwohl das bisher tiefste Bohrloch nur etwa 7 km tief in die Erde geht, haben sich die Geologen aufgrund vieler Forschungen und Untersuchungen ein Bild vom Aufbau der Erde, von der Oberfläche bis zum Mittelpunkt, machen können.

Zuerst kommt eine dünne Kruste aus festem Gestein. Sie ist an den meisten Stellen nur 30 bis 50 km dick. Unter dem Pazifischen Ozean ist sie noch dünner.

Der Erdmantel, eine Schicht aus geschmolzenen Stoffen, reicht bis etwa 3000 km Tiefe.

Dann folgt ein flüssiger äußerer Erdkern bis etwa 5100 km Tiefe. Den Rest bildet der innere Erdkern, der vermutlich wieder fest ist.

Diese Kenntnisse über den Aufbau unserer Erde verdanken wir einem Gerät, das für einen anderen Zweck erfunden wurde. Es ist der *Seismograph*, der wellenförmige Linien auf Millimeterpapier zeichnet, wenn er durch ein Erdbeben erschüttert wird. Wissenschaftler studieren diese Linien, um zu wissen, wann und wo die Erde bebt. Sie können an diesen Linien auch erkennen, welches Material die Erdbebenwellen auf ihrem Wege vom Erdbebenherd zum Seismographen durchlaufen haben.

Man wird wohl nie einen Blick in den Erdkern werfen können, aber eines Tages werden wir sicherlich genauer wissen, woraus er besteht.

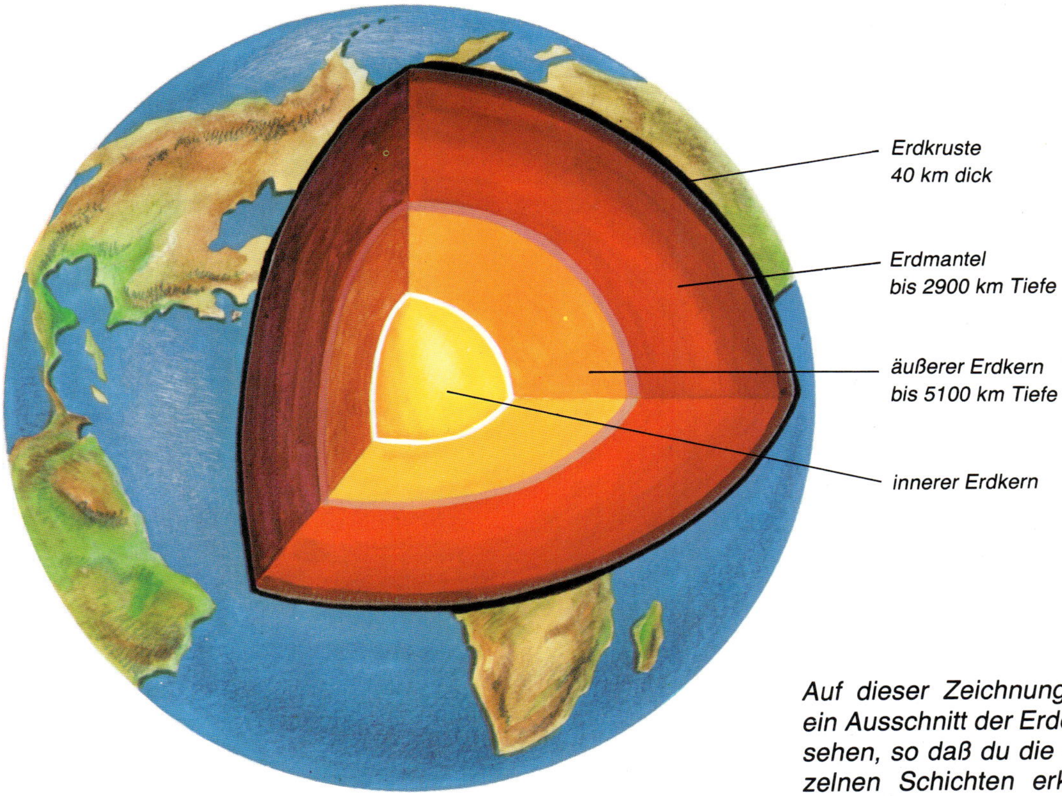

Auf dieser Zeichnung ist ein Ausschnitt der Erde zu sehen, so daß du die einzelnen Schichten erkennen kannst.

Bauten die Urmenschen ihre Höhlen selbst?

Die vorgeschichtlichen Höhlenbewohner brauchten ihre Höhlen nicht erst zu bauen, die Natur hatte sie bereits geschaffen. In vielen Gegenden der Erde gibt es solche natürlichen Höhlen. Sie sind auf verschiedene Weise entstanden. An der Küste brandeten die Wellen des Meeres gegen felsige Klippen und wuschen Hohlräume aus. Riesige Gasblasen in der glutflüssigen Lava der Vulkane wurden zu Hohlräumen, als die Lava abkühlte. Die meisten Höhlen wurden jedoch vom Wasser ins Gestein gegraben.

Aber wie kann Wasser das Gestein aushöhlen? Zunächst einmal muß das Gestein für die Entstehung von Höhlen besonders geeignet sein, wie zum Beispiel Kalkstein. Außerdem muß das Wasser Kohlensäure enthalten, die das Gestein auflöst. Regenwasser enthält Kohlensäure.

Was geschah, als sich die Kalksteinhöhlen bildeten? Das Regenwasser sickerte durch Spalten und Risse im Gestein nach unten. Die Säure begann, das Kalkgestein aufzulösen. Mit der Zeit wurden die Löcher immer größer. Das dauerte viele Jahrtausende, denn der Säuregehalt des Wassers ist sehr gering. So entstanden langsam große Höhlen, die ganz mit Wasser gefüllt waren. Irgendwann gingen dann Veränderungen in der Erdkruste vor sich, das Wasser floß ab, und die Höhle füllte sich mit Luft.

Aber der Vorgang war damit noch nicht abgeschlossen. Wenn es über der Höhle regnete, sickerte das Regenwasser durch das Gestein und löste es weiter auf. Tropfen für Tropfen sickerte bis zur Decke der Höhle durch. Das Wasser verdunstete, und der aufgelöste Kalkstein blieb an der Höhlendecke zurück. Immer mehr Wassertropfen verdunsteten, und allmählich wuchs der angesammelte Kalkstein wie ein Eiszapfen von der Decke herab. Manchmal baute schnelltropfendes Wasser auf dem Höhlenboden einen anderen Zapfen darunter auf.

Das Wasser, das die Höhle anfangs entstehen ließ, schmückte sie nun auch noch aus! Man nennt solche Höhlen *Tropfsteinhöhlen*.

Durch die Kraft des Wassers wurde diese Grotte in die Felswand gegraben.

Seit Jahrhunderten nutzen die Menschen die Kraft des Windes zum Antrieb von Windmühlen. In den Niederlanden gelang es mit ihrer Hilfe, das Wasser aus den tiefliegenden Gebieten ins Meer zu pumpen und sie auf diese Weise trockenzulegen.

Wie entsteht der Wind?

Um uns herum ist überall Luft. Du spürst das aber meist erst, wenn diese Luft in Bewegung ist, zum Beispiel, wenn du ein Heft vor deinem Gesicht hin- und herbewegst. Luft, die in Bewegung gerät, nennt man Wind. Die Erdoberfläche wird von der Sonne unterschiedlich stark erwärmt. Wenn warme und kalte Luftmassen aufeinandertreffen, entsteht eine Luftbewegung. Warme Luft ist nämlich leichter als kalte; sie steigt nach oben, und kalte Luft strömt nach. Diese Luftströmungen sind Winde. Wenn sie sehr heftig sind, bricht ein Sturm aus.

Durch den Wind erreicht dieser Strandsegler eine Geschwindigkeit von 80 bis 120 km in der Stunde.

Woher kommen die Wolken?

Wolken verdunkeln die Sonne, und es beginnt zu regnen. Manchmal stundenlang. Woher kommt das viele Wasser?
Das Wasser kommt aus dem Meer, aus Seen und Teichen, aus Flüssen und Bächen. Überall verdunstet Wasser. Winzigkleine Tröpfchen steigen in die Luft und bilden dort Wolken. Früher oder später fällt das Wasser wieder als Regen, Schnee oder Hagel zur Erde zurück. Es läuft in die Flüsse, und die Flüsse ergießen sich ins Meer. So bewegt sich das Wasser ständig in einem großen Kreislauf – von der Erde zu den Wolken und wieder zur Erde.
Stell dir vor: Das Regenwasser, das auf euer Dach fällt, war einmal Regen auf dem Dach eines anderen Hauses, vielleicht lange, bevor du geboren warst! Es fiel schon auf die Dinosaurier vor 70 Millionen Jahren; es hat vielleicht in Japan Blumen blühen lassen oder in der Wüste Sahara einen durstigen Araber erfrischt, und vielleicht gelangt es eines Tages sogar an Bord eines Raumschiffes zum Mars!

Solche scharf umrissenen Wolken nennen wir Cumulus- oder Haufenwolken. Sie bringen schönes Wetter.

Wolken über dem Atlasgebirge in der Wüste Sahara. Sicher beginnt es bald zu regnen.

Warum regnet es?

Regen kommt immer aus den Wolken. Wolken bestehen aus winzigkleinen Wassertröpfchen, die an sehr kleinen Staubteilchen haften. Solange die Wolke warm ist, hüpfen und springen diese Tröpfchen frei umher.
Wenn die Wolke abzukühlen beginnt, bewegen sich die Wasser- und Staubteilchen immer langsamer. Sie drängen sich zusammen; kleine Tröpfchen werden zu größeren. Schließlich sind sie so groß und schwer, daß sie fallen müssen. Das nennen wir Regen.
Nicht alle Wolken bringen Regen. Damit eine Wolke zur Regenwolke wird, muß sie sehr viele Wassertröpfchen enthalten.

Das Regenwasser dringt in den Boden ein;
durch eine Quelle kommt es wieder an die Oberfläche und strömt als Fluß ins Meer.

Wohin verschwindet das Regenwasser?

Auf der Erde gibt es sehr viel Wasser – mehr noch als Land. Dieses Wasser verdunstet, wenn es warm ist. Der Dunst steigt nach oben. Manchmal ist so viel Wasserdampf in der Luft, daß er in den Wolken keinen Platz mehr hat. Dann beginnt es zu regnen. Das verdunstete Wasser kehrt so zur Erde zurück und verteilt sich dort. Es dringt in den Erdboden ein. Von dort nehmen Bäume und Pflanzen es über ihre Wurzeln auf. Die Tiere trinken das Regenwasser, und die Menschen sammeln es und machen daraus Trinkwasser oder verwenden es in Landwirtschaft und Industrie. Das Regenwasser von den Bergen läuft ins Tal und bildet dabei Bäche und Flüsse, die ins Meer münden. Das Wasser in Flüssen, Seen und Meeren verdunstet wiederum. Auch Bäume und Pflanzen geben über ihre Blätter Wasserdampf ab, und Menschen und Tiere schwitzen und atmen das Wasser in ihrem Körper wieder aus. Wenn sich genügend Wasserdampf in der Luft gebildet hat, fängt es an zu regnen, und der Kreislauf beginnt von neuem.

Warum blitzt es?

Ein Blitz ist Elektrizität – eine gewaltige Menge Elektrizität, die in großen Funken durch die Luft springt.
Kleine elektrische Funken kannst du selbst erzeugen, wenn du mit einem Kunststoffkamm dein Haar kämmst. Wahrscheinlich werden die großen Funken der Blitze auf dieselbe Weise, nämlich durch Reibung, hervorgerufen.
Blitze entstehen in den Wolken. Die heftigen Luftbewegungen in der Regenwolke peitschen die Wassertröpfchen umher, zerren sie auf und ab und reißen viele auseinander. Gewaltig sind die Vorgänge, die sich in einer Gewitterwolke abspielen. Die Wolke wird dadurch elektrisch aufgeladen. Die Meteorologen wissen nicht genau, wie das vor sich geht, es sammeln sich jedoch große Mengen von Elektrizität an. Plötzlich entlädt sich die Elektrizität mit einem Blitzstrahl, der von Wolke zu Wolke oder von der Wolke zur Erde springt. In Wirklichkeit besteht so ein Blitzstrahl aus vielen kleinen Funken, die mit großer Geschwindigkeit hin- und herschießen.

Der Blitz trifft den Blitzableiter, der direkt mit der Erde verbunden ist.

Wie entsteht der Donner?

Wenn es donnert, klingt das, als ob am Himmel ein gewaltiger Zusammenstoß stattfände. Und so ist es auch. Während eines Gewitters prallen ungeheure Luftmassen aufeinander. Die Ursache dieses Zusammenstoßes ist der Blitz.
Wenn Blitze über den Himmel zucken, erhitzen sie die Luft. Die Luft wird so plötzlich heiß, daß sie sich mit gewaltiger Kraft ausdehnt. Entlang der Bahn des Blitzes entsteht so ein fast luftleerer Raum. Sofort stürzt kalte Luft nach, um den Raum wieder zu füllen. Die Luftmassen, die von allen Seiten kommen, stoßen zusammen und erzeugen einen gewaltigen Lärm: es donnert. Das Rollen und Poltern entsteht, weil der Blitz in unregelmäßigen Bahnen über den Himmel zuckt. Manchmal hören wir ein zusätzliches Donnergeräusch. Das ist das Echo, das von Hügeln und Tälern sowie von den Wolken selbst zurückgeworfen wird.

Warum sehen wir den Blitz früher, als wir den Donner hören?

Blitz und Donner erzeugen Licht und Schall. Das Licht pflanzt sich sehr schnell fort, mit etwa 300 000 km pro Sekunde. Das ist siebenmal der Erdumfang in einer Zeit, die du brauchst, nur um deinen Namen zu sagen. Schallwellen breiten sich langsamer aus, mit nur etwa 330 m pro Sekunde. Das ist ungefähr so lang wie vier Fußballfelder hintereinander. Da das Licht also schneller ist als der Schall, sehen wir gewöhnlich den Blitz, ehe wir den Donner hören. Nur wenn der Blitz ganz in unserer Nähe einschlägt, nehmen wir beides fast gleichzeitig wahr.

Wie entstehen die Farben eines Regenbogens?

Wenn du das nächste Mal einen Regenbogen am Himmel siehst, achte einmal auf einige Anhaltspunkte, an denen du erkennen kannst, wie er zustande kommt.
Erster Anhaltspunkt: Nachts gibt es keinen Regenbogen. Er steht nur am Himmel, wenn die Sonne scheint.
Zweiter Anhaltspunkt: Man sieht einen Regenbogen nur, wenn es irgendwo geregnet hat. Regen gehört also ebenso dazu wie das Sonnenlicht.
Welche Bedeutung hat dabei das Sonnenlicht? Wissenschaftler haben beobachtet, was mit dem Sonnenlicht geschieht, wenn es durch ein Glasprisma geht: Das weiße Sonnenlicht wird in die verschiedenen Farben zerlegt.
Die Regentropfen haben eine ähnliche Wirkung wie ein Prisma: Sie brechen das Sonnenlicht, wenn es durch sie hindurchgeht. Die Farben des Sonnenlichts werden als Regenbogen am Himmel sichtbar.
Die Regenbogenfarben beantworten dir noch eine andere Frage: Warum ist der Himmel blau? Die Farben des Sonnenlichts können auch durch die winzigen Staubkörnchen und Wasserdampfteilchen, die in der Luft enthalten sind, zerlegt werden. Wenn das Sonnenlicht durch die Luft dringt, wird aber nur sein blaues Licht von diesen Teilchen zurückgeworfen, gebrochen und über den Himmel zerstreut. Die anderen Farben fallen geradewegs zur Erde.
Ein Astronaut sieht im Weltraum keinen blauen Himmel über sich. Der Weltraum ist dunkel: Hier gibt es nichts, woran sich Licht brechen könnte.

Wenn Regen und Sonnenschein zusammenkommen, entsteht ein Regenbogen.

Ist das Meer wirklich blau?

Ein Glas Meerwasser sieht klar und farblos wie ein Glas Trinkwasser aus. Aber wenn man an Bord eines Schiffes steht und aufs Meer blickt, ist das Wasser manchmal blau und manchmal grün. Woher kommt das? Vom Sonnenlicht? Ja, denn Sonnenlicht ist eine Mischung aus allen Farben des Regenbogens. Wenn es auf das Meer fällt, wo das Wasser tief und klar ist, wird nur die blaue Farbe zurückgeworfen und gelangt an unsere Augen. Und was ist, wenn das Meerwasser grün aussieht? Milliarden von winzigen Pflanzen und Tieren leben im Wasser. Sie reflektieren grünes Licht, und darum sieht das Meer grün aus.

So kann die „graue" Nordsee bei Sonnenschein aussehen.

Sind alle Schneeflocken gleich?

Wissenschaftler, die schon sehr viele Schneeflocken mit dem Mikroskop untersucht haben, stellten dabei fest, daß jede Flocke eine andere Form hat. Natürlich kann niemand alle Schneeflocken auf der Erde untersuchen. Aber man vermutet, daß nie zwei dieser Eiskristalle einander genau gleichen.

Drei Schneeflocken unter dem Mikroskop

Woher kommt das Salz?

Salz kommt aus Salzbergwerken, Salinen, Salzquellen, Salzseen und aus dem Meer.

Die *Stollen* – das sind unterirdische Gänge – und Schächte eines Salzbergwerks funkeln, als ob sie aus Eis wären. Mit großen Bohrern brechen die Bergleute das feste Salz in glitzernden Brocken heraus.

In einer *Saline* wird durch Bohrlöcher Wasser in ein unterirdisches Salzlager geleitet und das gelöste Salz, die *Sole*, herausgepumpt. Sie wird in großen Pfannen verdampft, bis reines Salz übrigbleibt.

Manchmal fließt ein unterirdischer Strom durch die Salzlagerstätte. Wenn er an die Oberfläche kommt, entsteht eine Salzquelle. Salzseen erhalten ihr Wasser aus solchen Salzquellen. Die Sole aus Salzquellen, Salzseen und aus dem Meer wird eingedampft, so daß das Salz zurückbleibt. Oft wird das Meerwasser aber auch einfach in große, flache Becken geleitet, wo man das Wasser an der Sonne verdunsten läßt.

In früheren Zeiten war Salz knapp. Nur die Leute, die in der Nähe des Meeres wohnten, hatten genug Salz zu ihrer Verfügung, das sie aus dem Meerwasser gewinnen konnten. Aber jeder brauchte es, um Fleisch und Fisch haltbar zu machen, denn es gab damals noch keine Kühlschränke. Salz war so kostbar, daß es in salzarmen Ländern wie Gold als Zahlungsmittel verwendet wurde.

In diesen Becken läßt man Meerwasser verdunsten, um Salz zu gewinnen.

Wodurch entstehen Gletscher?

Gletscher sind Eisströme. Sie strömen tatsächlich, und sie bestehen auch wirklich aus Eis. Wo es Gletscher gibt, liegen die Durchschnittstemperaturen das ganze Jahr hindurch unter Null. Das bedeutet, daß das Eis liegenbleibt, auch wenn im Sommer etwas davon schmilzt. Aber woher kommt das Gletschereis?
Es entsteht durch Schnee, der auf zwei verschiedenen Wegen zu Eis werden kann. Wenn die Sonne die Schneeoberfläche schmilzt, sickert Wasser nach unten und bringt noch mehr Schneeflocken zum Schmelzen. Aber die Temperatur tief unten im Schnee liegt unter dem Gefrierpunkt. Wenn nun das Sickerwasser an diesen sehr kalten Schnee kommt, wird es zu Eis.
Das meiste Gletschereis entsteht aber auf andere Weise: Der Schnee häuft sich so mächtig, daß unter dem Druck der Schneemassen die einzelnen Schneeflocken dicht zusammengepreßt werden. Dabei vereinigen sich die Schneeflocken oder Schneekristalle zu größeren. Es entstehen neue, festere Kristalle. Diese Eiskristalle verbinden sich zu noch größeren und so weiter, bis die Kristalle so groß wie Murmeln sind. In sehr großen Gletschern

Oben: Man erkennt deutlich, daß der Gletscher ein Eisstrom ist. Unten: der Vatnajökull-Gletscher in Island.

wachsen die Kristalle sogar manchmal bis zur Größe eines Hockeyballs. Dieses körnige Eis des Gletschers, das unter dem neu fallenden Schnee liegen bleibt, nennt man Firneis.
Die Gletscher würden zu Eisbergen werden und Jahr für Jahr höher wachsen, wenn sie nicht unter dem Einfluß der Schwerkraft in Bewegung geraten und talwärts gleiten würden. Im Vergleich zu Flüssen fließen sie nur sehr langsam, aber sie fließen tatsächlich.

Warum gibt es Erdbeben?

Der feste Boden, auf dem wir leben, reicht ungefähr 50 km tief in die Erde hinab. Im Vergleich zur Größe des Erdballs ist er nur eine dünne Kruste, unter der die Erde glühend heiß und zähflüssig ist.
Die Erdkruste besteht aus ungleichmäßigen Schichten verschiedener Gesteinsmassen, die unter dauerndem Druck von oben und unten stehen. Wenn sich diese mächtigen Gesteinsmassen gegeneinander verschieben, können sich tief unter der Erdoberfläche Risse und Spalten bilden. Dadurch werden Erschütterungen von unterschiedlicher Stärke verursacht. Etliche werden nur von empfindlichen Meßgeräten wahrgenommen, andere richten Zerstörungen von verheerendem Ausmaß an: das sind die Erdbeben. Wie ist es nun zu erklären, daß es in einigen Gebieten der Erde häufig Erdbeben gibt, in anderen aber gar keine?
Die Erdkruste ist nicht überall gleich. In manchen Gebieten hat sie sich noch nicht festgesetzt; dort gibt es mehr Brüche und Spalten im Gestein als anderswo. Wenn sich die unterirdischen Gesteinsschichten aneinander reiben, bebt die Erde am stärksten entlang dieser Risse und Spalten. Die meisten Erdbeben gibt es in Japan, dann folgt das Mittelmeergebiet. Daß große Teile der Erdkruste ständig in

Oben: Ein Erdbeben zerstört dieses Gebäude. Unten: Durch Bewegungen der Erdkruste haben sich die Gesteinsschichten verschoben.

Bewegung sind, kann man an vielen Orten feststellen. In Pozzuoli bei Neapel zum Beispiel errichteten die Römer vor langer Zeit ein Bauwerk. Nach und nach senkte sich die Küste, und schließlich stand das Bauwerk im Wasser. Jahrhunderte später hob sich der Boden, und der Bau stand wieder im Trockenen. Heute kann man an den Säulen sehen, wie weit sie einst im Wasser standen.

Kapitel 2

Wie es begann

Woher wissen wir etwas über die Tiere der Urzeit?

Vor sehr, sehr langer Zeit haben viele seltsame Tiere auf der Erde gelebt. Es gab fliegende Ungeheuer mit lederartigen Schwingen ohne Federn. Die Urahnen unserer heutigen Pferde waren so groß wie Hunde. Tiere, die den Elefanten ähnelten, hatten langes, wolliges Haar. Diese und Tausende anderer vorgeschichtlicher Tiere sind alle ausgestorben. Woher wissen wir überhaupt, daß sie jemals lebten?

Einige von ihnen sind durch das Eis erhalten geblieben. Die wolligen, elefantenähnlichen Mammuts wurden im Dauerfrostboden von Alaska und Sibirien vor mindestens 10 000 Jahren eingefroren. In der eisigen Kälte sind nicht nur ihre Skelette, sondern auch das Fleisch und sogar die zottige Behaarung fast unversehrt geblieben.

In Kalifornien fand man die Körper vieler vorzeitlicher Tiere, die in einen schwarzen, klebrigen Teersee gefallen waren. Der Teer verhinderte die Verwesung, und so blieben die Körper der Tiere erhalten. In anderen Gegenden bedeckte Sand oder Schlamm die Tiere, nachdem sie gestorben waren. Das Fleisch verweste, nicht aber die Knochen. Der Sand oder der Schlamm wurde im Laufe der Zeit zu

Dieses Skelett eines Stegosaurus *wurde in den USA unter einer versteinerten Schlammschicht entdeckt. Der* Stegosaurus *lebte vor 150 Millionen Jahren.*

Stein. Heute, nach Millionen Jahren, können Wissenschaftler die Knochen untersuchen, die im Gestein erhalten geblieben sind. Sie rekonstruieren die Knochengerüste und können ermitteln, wie die Tiere ausgesehen haben müssen – vor Tausenden oder Millionen von Jahren.

Was sind Fossilien?

Hast du schon einmal einen Stein zerschlagen und darin einen versteinerten Seeigel gefunden? In Kiesgruben oder Steinbrüchen findet man häufig Gestein mit Muscheln oder Schnecken darin oder auch mit Abdrücken von Fischen oder Farnblättern. Diese Abdrücke oder Formen stammen von Tieren und Pflanzen, die vor langer Zeit gelebt haben. Man nennt diese Überreste von Lebewesen Fossilien.

Wie aber konnte ein Lebewesen in ein hartes Stück Stein gelangen? Hier ist die Geschichte eines fossilen Fisches: Vor Millionen Jahren ging er zugrunde und sank auf den schlammigen Boden eines Sees. Ein Fluß schwemmte aus den Bergen Schlamm in den See, der sich am Boden über dem Fisch ablagerte. Mit der Zeit legten sich viele Schichten von Schlamm und Sand übereinander. Das Fleisch des Fisches verweste, aber der Abdruck der Knochen blieb als steinernes Abbild zurück. Der Schlamm wurde im Laufe der Zeit immer härter und schließlich zu Stein. Irgendwann kam es dann zu Veränderungen in der Erdkruste. Der Boden unter dem See hob sich und stieg. Das Gestein mit dem Fischskelett darin wurde in die Höhe gedrückt und trockengelegt und konnte auf diese Weise von Menschen gefunden werden.

Dieses Fossil ist ein Abdruck des vorgeschichtlichen Reptils Plesiosaurus macrocephalus.

Warum verschwanden die Dinosaurier von der Erde?

Was geschah vor Millionen Jahren mit den Dinosauriern? Warum starben sie aus? Das ist bis heute ein ungelöstes Rätsel. Viele Gelehrte meinen, daß die großen Tiere ausstarben, weil sich das Klima änderte. Die warmen, feuchten Gebiete, in denen sie lebten, wurden trocken und kalt. Sie fanden nicht mehr genug zu fressen, weil die Wasserpflanzen allmählich verschwanden. Sie wurden schwach vor Hunger, und als die Kälte einbrach, litten sie um so mehr, weil sie so groß waren, daß sie sich nicht in Höhlen oder Spalten verkriechen konnten. Nach und nach starben so die Dinosaurier vor Hunger oder Kälte aus. Wahrscheinlich wird niemand genau ermitteln können, was wirklich geschah. Die Gelehrten sind sich jedoch in einem Punkt einig: Die Dinosaurier hatten nicht die Fähigkeit, sich ihrer veränderten Umwelt anzupassen – und das bedeutete ihren Untergang.

So ungefähr sahen die ersten Menschen aus. Sie lebten in Afrika und besaßen bereits Werkzeuge.

Wie lebten die ersten Menschen?

Unsere frühesten Vorfahren lebten vor rund zwei Millionen Jahren. Sie gingen aufrecht und benutzten Werkzeuge: das waren die wichtigsten Merkmale dieser ersten Menschen. Sie lebten im heutigen Ostafrika, ungefähr zu der Zeit, als auf der nördlichen Erdhalbkugel die Eiszeit begann. Für den Menschen war daher nur das Leben auf der südlichen Erdhalbkugel möglich.

In einer Kalksteinhöhle in der Nähe von Peking fand man bei Ausgrabungen gegen Ende der zwanziger Jahre Knochen, Schädel und Skelette von etwa 45 Männern, Frauen und Kindern, die vor einer halben Million Jahren dort gelebt haben. Man gab ihnen den Namen *Pekingmenschen*. Sie ernährten sich von Pflanzen und Tieren, stellten Werkzeuge her und wußten bereits mit Feuer umzugehen: Tagsüber wärmte es sie, nachts hielt es wilde Tiere ab, und außerdem konnten sie daran ihre Mahlzeiten bereiten.

Der *Neandertaler* – er wird so genannt nach den Knochenfunden im Neandertal in der Nähe von Düsseldorf – lebte vor ungefähr 120 000 Jahren. Es ist erstaunlich, welche Werkzeuge er bereits herstellen konnte und wie geschickt er damit umging. Zum Schutz gegen die Kälte trug er Tierfelle.

Unser unmittelbarer Vorfahre schließlich war der *Homo sapiens*. Seine Spuren gehen bis in die Zeit vor über 40 000 Jahren zurück. Er lebte im Nahen Osten, in Nordafrika und in Europa. Dank günstigerer Klimabedingungen konnte er überleben und sich weiterentwickeln.

Etwa 4000 Jahre vor unserer Zeitrechnung begann der Mensch dann zu schreiben und zu lesen – es entstanden die frühen Kulturen.

Woher wissen wir etwas über die Höhlenmenschen?

Die Menschen, die vor vielen Jahrtausenden lebten, ließen Küchenabfälle, zerbrochenes Werkzeug und Hausgerät und was sie sonst nicht mehr brauchten liegen, wo sie gerade lagerten. Wenn sie einen Knochen abgenagt hatten, warfen sie ihn einfach weg. Sie ließen auch die Asche ihrer Feuerstellen zurück.

Wissenschaftler haben bei Ausgrabungen in einigen Höhlen der Urmenschen interessante Funde gemacht: Sie legten Schichten von Abfällen und Asche frei und entdeckten Steinwaffen, feuergeschwärzte Holzstücke und andere Gebrauchsgegenstände. Die Überreste können nur von Menschen stammen, denn Bären oder andere Tiere bauen keine Feuerstellen, haben keine steinernen Speerspitzen und hinterlassen keine Gefäßscherben. Die Wissenschaftler untersuchten die Abfälle und fanden dabei heraus, was die Höhlenmenschen aßen, was für Kleidung sie trugen und was für Werkzeuge und Waffen sie benutzten. Anhand von ausgegrabenen Skeletten kann man sich ein Bild machen, wie die Höhlenmenschen ungefähr ausgesehen haben. In vielen vorgeschichtlichen Höhlen, zum Beispiel in *Altamira* (Nordspanien) und in *Lascaux* (Südfrankreich), fand man herrliche Bilder, die die Urmenschen an die Felswände gemalt haben. Als Pinsel benutzten sie Zweige, Moos oder Haarbüschel. Die Farben mischten sie aus farbigem Ton, pflanzlichen Farbstoffen und tierischem Fett. Im Schein der Fackeln malten diese ersten Künstler Jagdszenen und stellten Tiere dar, von denen manche ausgestorben sind. Nur wenige Bilder zeigen Menschen, aber die Malereien selbst erzählen uns eine Menge über unsere vorgeschichtlichen Vorfahren. Sie waren kluge Erfinder, mutige Jäger und begabte Künstler.

Die Höhlenbewohner ließen ihre Abfälle auf dem Boden ihrer Höhlen liegen. Das Foto zeigt die Nachbildung einer Höhle in Südafrika, in der Buschmänner lebten.

Nachbildung eines Pfahldorfes in Unteruhldingen am Bodensee.

Warum bauten die Menschen Hütten auf Pfähle?

Vor sehr, sehr langer Zeit bauten die Menschen Hütten auf Pfähle, über dem Wasser. Sie siedelten sich am Ufer eines Flusses oder Sees an, weil sie sich dort von den Fischen ernähren konnten. Es gab aber noch einen anderen Grund. Die Hütten zu ebener Erde boten nämlich viel weniger Schutz. Wilde Tiere und feindliche Stämme konnten sie leichter überfallen. Die Menschen der Frühzeit hatten zwar auch schon Waffen, um sich zu verteidigen: Keulen, Lanzen, Pfeil und Bogen. Aber manchmal waren die Feinde trotzdem stärker. Indem die Bewohner ihre Hütten auf Pfählen errichteten, konnten sie ihre Gegner von oben herab bekämpfen und waren schon allein dadurch überlegen. Außerdem war es viel schwerer, an die Hütten heranzukommen – die Feinde mußten erst durch das Wasser waten oder schwimmen. Die Pfahlbauten erfüllten aber noch einen weiteren Zweck: sie schützten ihre Bewohner auch vor Überschwemmungen. Auf dem Foto siehst du die Rekonstruktion eines Pfahldorfes am Bodensee.

Was ist ein Dolmen?

Die Menschen, die vor vielen Tausenden von Jahren in Europa lebten, wohnten meist in Höhlen. Hier fanden sie Schutz vor zu großer Kälte und Hitze, aber auch vor wilden Tieren und Feinden. Wo es in einer Gegend keine natürlichen Höhlen gab, bauten sich die Menschen Hütten. Oft waren es Gruben, die sie mit Zweigen und Ästen deckten, damit sie vor Wind und Kälte geschützt waren. Immer aber war die Höhle für die frühen Menschen der Inbegriff von Sicherheit und Schutz. So war es nur natürlich, daß sie ihre Toten auch in Höhlen bestatten wollten. Und wenn sie keine natürlichen Höhlen vorfanden, bauten sie sich diese selber: Sie stellten zwei große Steinblöcke aufrecht nebeneinander und legten eine flache

Steinplatte als Dach quer darüber. Das ist ein Dolmen – das keltische Wort bedeutet Steintisch.
Diese vorgeschichtlichen Grabstätten findet man noch heute in vielen Gegenden Europas, vor allem in der Bretagne, im Nordwesten Frankreichs.

Dolmen bei Carnac in der Bretagne (Frankreich). In dieser Gegend gibt es viele solcher vorgeschichtlichen Steingräber.

Was ist ein Menhir?

Menhire sind große Steinblöcke, die von den Menschen der Vorgeschichte zu Ehren der Sonne aufrecht hingestellt wurden. Einige dieser Steine sind etwa 20 m hoch und wiegen bis zu 340 Tonnen. Wie schafften die Menschen es bloß, diese schweren Steine ohne jegliche Maschinen aufzurichten? Man nimmt an, daß sie dazu am einen Ende des Steinblocks ein tiefes Loch zu graben begannen und dann unter dem Stein immer weitergruben, bis er zur Hälfte in der Luft schwebte. Diesen Teil brauchten sie dann nur noch über den Rand des Loches nach unten zu kippen, bis der Stein aufrecht stand. Zum Schluß füllten sie das Loch um den Stein herum wieder mit Sand auf, und der Menhir stand so fest wie ein Haus.

Von diesen Menhiren stehen bei Carnac viele Hunderte.

Wer hat das Rad erfunden?

Es läßt sich nicht genau sagen, ob das Rad von einem einzelnen Menschen erfunden wurde. Fest steht nur, daß es das erste Rad bereits um 5000 v. Chr. in Zentralasien gegeben hat. Diese Erfindung war eine der wichtigsten in der Geschichte der Menschheit. Denn was würden wir ohne das Rad machen? Es gäbe weder Autos noch Züge, weder Skateboards noch Kinderwagen, auch keine Rollstühle – und das sind nur einige Beispiele! Wir wären wirklich ans Haus gebunden. Vielleicht wäre das im Grunde gar nicht so schlimm; auf jeden Fall haben wir aber durch das Rad viel mehr Möglichkeiten.

Die Menschen damals waren sicher auch sehr froh über die Erfindung des Rades. Es gab ihnen mit einem Male die Möglichkeit, schwere Lasten über größere Entfernungen zu transportieren. Bis dahin mußten sie sich mit Baumstämmen behelfen, auf denen sie ihre Güter vorwärtsrollten. Das ging natürlich auch, aber es war nicht so bequem und dauerte außerdem viel länger, weil die Baumstämme nach hinten verrutschten und immer wieder nach vorn geschoben werden mußten. Mit dem Rad ging das alles viel besser. Räder drehen sich um eine Achse, und diese Achse kann man mit einem Wagen verbinden. Nun war es auch möglich, größere Reisen zu unternehmen. So hat die Erfindung des Rades unsere heutige Lebensweise entscheidend beeinflußt.

Wahrscheinlich war ein solcher Baumstamm unter einem Floß der direkte Vorläufer des Rades.

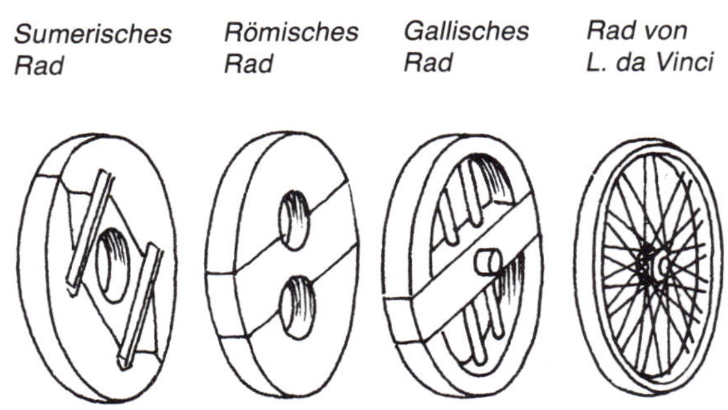

Wer hat das Feuer erfunden?

Feuer hat es schon immer gegeben. Es brauchte also nicht erst erfunden zu werden. Aber vor sehr langer Zeit war es für die Menschen zunächst nur eine Bedrohung. Sie sahen, daß das Feuer Licht spendete, und spürten die Wärme. Aber sie fürchteten sich auch davor. Bald jedoch lernten sie, sich diese Erscheinung zunutze zu machen. Sie holten sich zunächst Feuer von einem brennenden Baum, der vom Blitz getroffen worden war, oder entzündeten Zweige an glühender Lava von Vulkanausbrüchen. Wie die Menschen lernten, selbst Feuer zu machen, kann man nur vermuten. Wahrscheinlich entdeckten sie, wie beim Bearbeiten von Holz oder Steinen Funken entstanden; sie versuchten dann, diese Funken künstlich zu erzeugen, indem sie zwei Holzstücke gegeneinanderrieben oder bestimmte Steine – die sogenannten Feuersteine – aneinanderschlugen.

Wie begannen die Menschen zu schreiben?

Vor mehr als 5000 Jahren, als die Menschen noch keine Schrift kannten, mußten die Priester im Land der Sumerer an Euphrat und Tigris viele Dinge im Gedächtnis behalten: wieviel Getreide in den großen Lagerhäusern gespeichert

Ägyptischer Schreiber

wurde, wieviel davon für die nächste Saat aufgehoben werden mußte, wie viele Steinblöcke man brauchte, um einen neuen Tempel zu bauen, und wie viele Arbeiter für den Bau nötig waren.
Das alles wurde mit der Zeit zuviel. Wenn dann auch noch der Priester starb, der über das Saatgut Bescheid wußte, konnte es sein, daß nicht genug aufbewahrt wurde, um die Felder im nächsten Jahr zu bestellen.
Die Priester mußten also einen Weg finden, ihr Wissen so zu bewahren, daß man davon jederzeit Gebrauch machen konnte. Schließlich kamen sie auf den Gedanken, Zeichen in Tafeln aus feuchtem Ton zu ritzen. Die Zeichen sollten bestimmte Bedeutungen haben, die alle Priester kannten: Zeichen für die Gegenstände und Zeichen für deren Anzahl. Wenn man die Ziegel trocknete, blieben die Zeichen erhalten. Jeder neue Priester konnte von den Tafeln ablesen, wieviel Maß Getreide sein Vorgänger eingenommen hatte und wieviel davon schon verbraucht war. Das waren die Anfänge der Schrift.

Tafel mit sumerischen Schriftzeichen

Die Keilschrift der Babylonier.

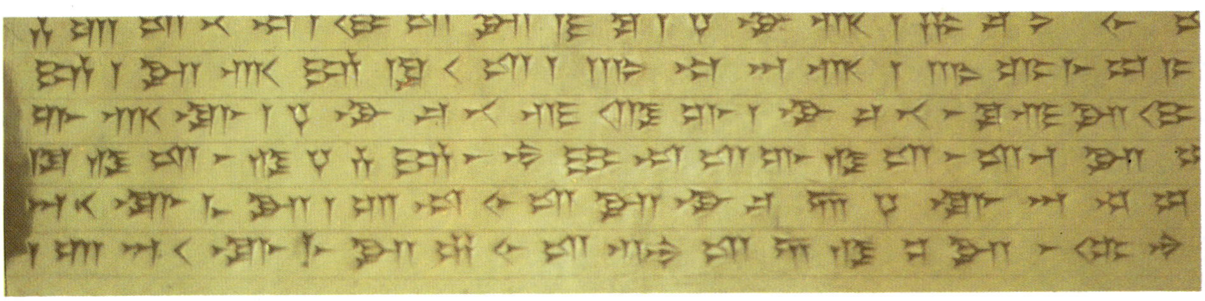

Kapitel 3

Pflanzen und Tiere

Wie können Pflanzen wachsen?

Pflanzen wachsen, weil sie Nahrung aufnehmen, trinken und atmen – genau wie wir. Sie stellen ihre Nahrung selbst her. Dafür brauchen sie Sonnenlicht: das ist ihre Energie, die sie mit den Blättern auffangen. Über die Blätter nehmen Pflanzen außerdem Kohlendioxid aus der Luft auf und bilden mit Hilfe dieses Gases neue Zellen. Zur gleichen Zeit arbeiten auch die Wurzeln: Sie nehmen Wasser aus dem Boden auf. Das Wasser enthält bereits wichtige Nährstoffe, Minerale genannt. Dazu zählen auch chemische Verbindungen mit Stickstoff, Calcium und Phosphor. So gedeiht und wächst eine Pflanze. Alles, was sie dazu braucht, sind Sonne, Luft, Wasser und Nährstoffe.

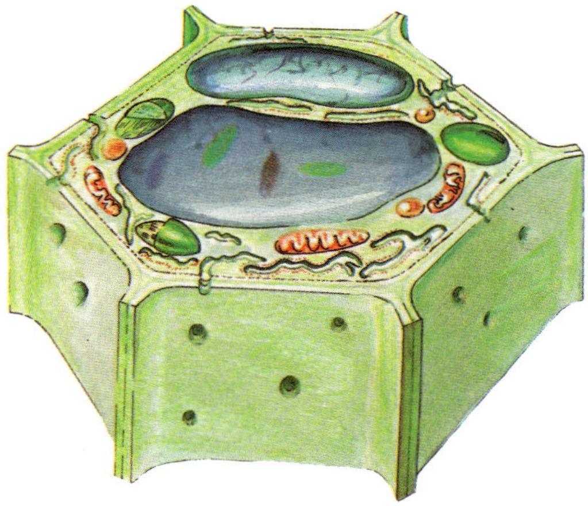

So sieht eine Pflanzenzelle aus – natürlich stark vergrößert.

Wie entsteht aus einer Blüte eine Frucht?

In einer Blüte kann man zahlreiche dünne Fädchen entdecken. Das sind die Fortpflanzungsorgane der Pflanze. Narbe, Griffel und Fruchtknoten sind die weiblichen Organe, Staubbeutel und Staubfäden die männlichen. Der Pollen (Blütenstaub) wird in den Staubbeuteln erzeugt. Wenn er reif ist, wird er vom Wind oder von Insekten fortgetragen. Gelangt ein Pollenkörnchen auf die Narbe einer anderen Blüte, bildet sich der Pollenschlauch, durch den der Pollen zu den weiblichen Zellen der Pflanze im Fruchtknoten hinabwandert: Diesen Vorgang nennen wir Befruchtung. Der Fruchtknoten wächst und wird zur Frucht oder zum Samenkorn.

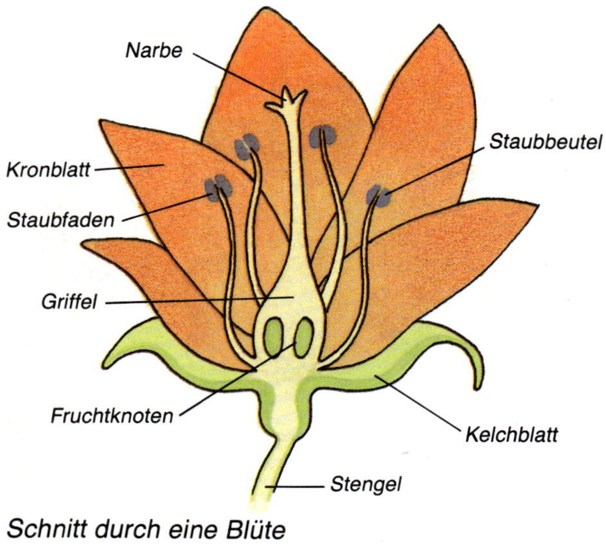

Schnitt durch eine Blüte

Wie entstanden die Gartenblumen?

Die Pflanzen sind vor Hunderten von Millionen Jahren entstanden. Sie sind aus winzigen Mengen lebender Substanzen, *Protoplasma* genannt, hervorgegangen. Dieses *Protoplasma* findet sich in jeder Zelle von Pflanzen und Tieren. Die ersten grünen Pflanzen bestanden nur aus einer einzigen Zelle. Der nächste Schritt in der Entwicklung war, daß sie sich entweder durch Zellteilung oder durch Sporen (die einfachste Form pflanzlicher Keimzellen) vermehrten. Noch später entstanden Blüten, die Samen hervorbrachten. Als die Menschen entdeckten, daß sie die Vermehrung der Pflanzen beeinflussen können, begannen sie, neue Sorten mit größeren und schöneren Blüten mit neuen Farben zu züchten. Die Gartenblumen sind also wilde Blumen, die der Mensch seinem Geschmack angepaßt hat.

Von den wilden Pflanzen auf diesem Foto sind heute viele in veredelter Form in den Gärten zu finden.

Woher kommt Gummi?

Der feste, zähe Reifen deines Fahrrades war einmal eine Flüssigkeit: der milchige Saft eines Kautschukbaumes. (Diesen Saft kann man heute auch künstlich herstellen.) Um den Saft des Baumes aufzufangen, ritzt man V-förmige Schnitte in die Rinde und läßt den milchigen Saft, den man auch „Latex“ nennt, in Eimer fließen. Danach wird er auf unterschiedlichste Weise verarbeitet. Durch Vulkanisieren zum Beispiel (so nennt man das Verkneten mit Schwefel) wird der Rohkautschuk elastisch. Es entstehen die verschiedenen Gummiarten, die wir im täglichen Leben gebrauchen.
Naturkautschuk kommt heute meistens von Plantagen in Südostasien, die Heimat des Kautschukbaumes aber ist Südamerika. Lange bevor Kolumbus Amerika entdeckt hatte, fanden die Indianer heraus, daß man aus diesem Saft eine Art Gummischuh machen konnte. Zuerst mag ein Indianer auf den Gedanken gekommen sein, aus Schlamm einen Fußabdruck nachzuformen. Das Fußmodell befestigte er an einem Stock. Dann tauchte er es in einen Behälter mit Kautschuksaft, trocknete es über einem rauchigen Feuer und tauchte es wieder ein. Auf diese Weise erzeugte er einen dicken Überzug aus geräuchertem Kautschuk. Schließlich brauchte der Mann nur den getrockneten Schlamm zu entfernen: Er hatte eine wasserdichte Bekleidung für den Fuß.

Durch die Rillen in der Rinde des Gummibaumes fließt die weiße Flüssigkeit in die Gefäße.

Was ist Harz?

Sicher hast du bei einem Spaziergang im Wald schon einmal gesehen, daß Tannen und Fichten besonders am Stamm und an den Ästen einen zähflüssigen, durchsichtigen Saft absondern, der sehr klebrig ist. Das ist Harz.
Harz wird vor allem von Nadelbäumen produziert und ist sehr wichtig für die Pflanzen. Es dient nicht nur als Nahrungsreserve, sondern auch als Schutz, indem es Verletzungen an der Rinde wieder verschließt, damit der Baum nicht zuviel Wasser verliert. Schon im Altertum verwendete man Harz bei der Einbalsamierung von Toten. Im 16. Jahrhundert ließ

So gewinnt man im Süden Frankreichs Harz aus Nadelbäumen.

man Harz in Leinöl schmelzen und überzog damit die Rüstungen, damit sie nicht rosteten. Heute verwendet man Harz in der Lack- und Farbenindustrie sowie zur Herstellung von Kosmetikartikeln und Arzneimitteln.

Wie macht man Puffmais?

Puffmais oder „Popcorn" ist leicht und knusprig. Wie wird das kleine, harte Maiskorn so flockig und so leicht?
Ein Maiskorn – auch wenn es außen ganz trocken ist – ist innen feucht. Die Feuchtigkeit besteht aus zahllosen, winzigen Wassertröpfchen, so klein, daß man sie nicht sehen kann. Wird das Maiskorn nun in der Pfanne erhitzt, werden die vielen kleinen Wassertropfen zu Dampf. Wenn Wasser zu Dampf wird, braucht es viel mehr Platz. Der Dampf bläht das weiße Innere des Kerns auf und drückt gegen die feste, gelbe Hülle, die sich nicht ausdehnen kann. Mit einem leisen „puff" springt sie auf, daher der Name Puffmais. Das locker gewordene weiße Innere stülpt sich flokkig um die spelzige Hülle, und es entsteht das, was wir als Popcorn kaufen.
Den Mais verdanken wir – ebenso wie Kakao, Tomaten und Kartoffeln – den südamerikanischen Indianern.

Warum brennt die Brennessel?

Die Brennessel ist eine hübsche Pflanze, aber du solltest sie lieber nicht pflücken, sonst brennt dir die Haut. Du spürst einen Juckreiz, als hätte man dir mit vielen kleinen Nadeln Gift in die Haut gespritzt. So ähnlich ist es auch. Blätter und Stengel der Brennessel sind über und über mit kleinen, fast unsichtbaren Haaren bedeckt. Diese sind innen hohl, wie die Spritze, die der Arzt benutzt.
An der Haarwurzel ist in einem verdickten Kolben Gift enthalten. Schon bei leichter Berührung zerbricht die Spitze des Haares, und durch die nun offene Nadel spritzt der brennende Saft in die kleine Wunde an deinem Finger.
Und doch ist diese unangenehme Pflanze sehr nützlich. Viele Raupenarten ernähren sich von den Blättern der Brennessel. In Asien werden aus ihren Fasern Tuche hergestellt.

An den Blättern und Stengeln der Brennesseln sitzen winzige nadelförmige Brennhaare.

Verschimmeltes Brot. Rechts siehst du die Schimmelpilze noch einmal in der Vergrößerung.

Wodurch wird Brot schimmelig?

Wenn Brot einige Tage alt ist, findet man manchmal Flecken von grünem oder grauem Schimmel darauf. Das sind kleine Kolonien winziger Pilze, die wie Unkraut in einem Garten wachsen. Unkraut wächst wild, ohne daß man es pflanzt. Auch den Schimmel pflanzt niemand.
Aber woher kommt er? Er entwickelt sich aus winzigen Keimzellen – Körnchen, die in der Luft schweben; sie sind so klein, daß man sie nicht sehen kann. Wenn die Körnchen in einem warmen Raum auf feuchtem Brot landen, beginnen sie, wie Samenkörner im warmen, feuchten Boden zu keimen und werden zu Schimmelpilzen. Diese produzieren nach einiger Zeit wiederum viele kleine Körnchen – Sporen genannt –, die durch die Luft fliegen und auf dem Brot neue Schimmelpilze bilden können.
Manchmal fallen Schimmelsporen auf sehr trockenes Brot in einem trockenen Raum. Dann können sie nicht wachsen. Wie alle Pflanzen brauchen sie Feuchtigkeit. Schimmel wächst nicht nur auf Brot, sondern auch auf Fleisch und Gemüse, das an feuchten Orten aufbewahrt wird; ebenso auf der Oberfläche von Eingemachtem, das nicht ganz luftdicht verschlossen wurde. In feuchten Abstellräumen gedeiht er sogar auf Schuhen, Kleidung und Büchern.

Warum sind die Pflanzen grün?

Ihre grüne Farbe erhalten die Pflanzen durch eine Substanz in den Zellen der Pflanzenblätter, *Chlorophyll* genannt. Dieser Farbstoff hilft den Pflanzen, Kohlendioxid, Wasser und die darin enthaltenen Minerale aufzunehmen und in Nährstoffe umzuwandeln, nicht nur für sich selbst, sondern auch für alle anderen Lebewesen. Die Umwandlung geschieht aber nur am Tage, weil die Pflanzen dafür das Sonnenlicht brauchen. Nachts stellen sie also keine Nährstoffe her. Außer den Grünpflanzen kann kein anderes Lebewesen seine Nahrung aus sich selbst gewinnen und sich ausschließlich von Nährsalzen und Mineralen ernähren.

Welche Beeren fressen die Vögel gern?

Fast alle Vögel, die du im Garten sehen kannst, ernähren sich vor allem von Körnern und Beeren. Natürlich fressen nicht alle Vögel die gleichen Beeren oder Körner. Wenn ihr also unterschiedliche Sträucher und Bäume in eurem Garten habt, kommen auch sehr viele verschiedene Vogelarten. Ob du wohl alle der unten abgebildeten Pflanzen und Beeren kennst? Vielleicht würden deine Eltern gern einige davon in eurem Garten anpflanzen und so dazu beitragen, daß die Vögel immer genügend Futter finden und nicht verhungern müssen.

In ihren fleischigen Stämmen speichern die Kakteen Wasser.

Wie können Kakteen ohne Wasser leben?

Ganz ohne Wasser können auch Kakteen nicht auskommen. Keine Pflanze kann das. Aber der Kaktus ist eine Wüstenpflanze. In der Wüste ist es sehr trocken, weil es selten regnet. Daher müssen Kakteen lange Zeit ohne Wasser auskommen. Aus diesem Grunde haben sie auch so merkwürdige Formen. Kakteen haben fleischige Stämme, die von einer dicken Schutzschicht umgeben sind. Diese ist mit vielen Stacheln überzogen. Wenn es regnet, kann der Kaktus eine Menge Wasser in seinem Stamm speichern. Dadurch ist er in der Lage, auch längere Trockenzeiten zu überstehen. Und da er anstelle der Blätter Stacheln hat, verliert er so gut wie kein Wasser durch Verdunstung. Die Stacheln schützen ihn außerdem vor durstigen Tieren, die sich gerne an seinem Wasservorrat laben würden.

Wie machen Bakterien uns krank?

Bakterien sind winzigkleine pflanzliche Lebewesen, die man nur unter dem Mikroskop beobachten kann. Wie alles Lebende brauchen sie Nahrung, um zu wachsen. Sie nehmen ihre Nahrung aus unserem Körper und vermehren sich sehr schnell, und zwar durch Zweiteilung: Jede einzelne Bakterie teilt sich in zwei neue, diese teilen sich abermals und so weiter. In kurzer Zeit entstehen so Millionen von Bakterien. Sie sind wie winzige „Fabriken", die chemische Stoffe verschiedener Art herstellen. Einige dieser Stoffe machen uns krank. Auch unser Körper erzeugt chemische Stoffe, die wie ein Gegengift gegen schädliche Bakterien

wirken und diese abtöten können. Andere Bakterien werden durch Medikamente abgetötet.
Eine weitere Art von Krankheitserregern sind Viren. Ein Virus ist noch viel kleiner als eine Bakterie. Man kann ihn nur mit Hilfe eines modernen Elektronenmikroskops fotografieren.

Tuberkulose *Diphtherie* *Tetanus*

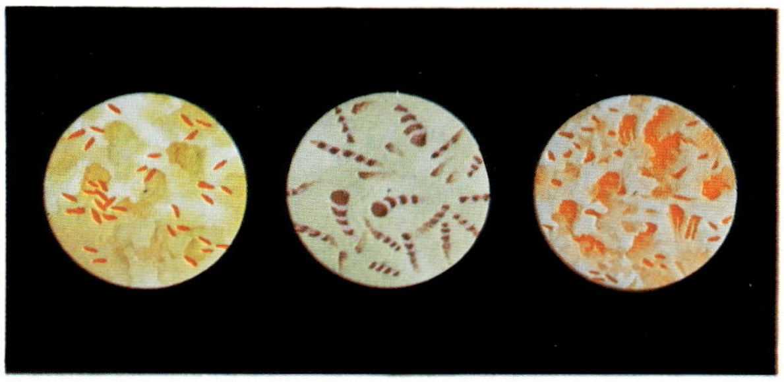

Wie wird Reis angebaut?

Reis wird in tropischen und subtropischen Regionen angebaut. In Asien ist er das wichtigste Nahrungsmittel. Reis braucht außer Wärme vor allem sehr viel Feuchtigkeit; er wird daher meist auf Schlammboden angebaut. Die Samenkörner sät man zuerst mit der Hand auf besonders vorbereitete Saatbeete. Später werden die jungen Triebe auf Felder, die unter Wasser stehen, umgepflanzt. Diese Felder, die von Erdwällen umgeben sind, nennt man in Indonesien ‚Sawah'. Sie werden durch Kanäle mit Flußwasser bewässert, das durch Öffnungen in den Erdwällen einfließen kann. Während der Wachstumsperiode müssen die Sawahs immer mehrere Zentimeter unter Wasser stehen. Zum Unkrautjäten leitet man das Wasser aber jedesmal vorher ab. Bevor die Reisernte beginnen kann, müssen die Felder wieder ganz trockengelegt werden. Auf dem Foto unten siehst du, wie dann die Halme geschnitten werden. Der Reisanbau ist eine sehr mühsame Arbeit, vor allem, weil dabei fast alles mit der Hand gemacht wird!

Reisernte in Indonesien. Das günstige Klima ermöglicht zwei bis drei Ernten im Jahr.

Sind Fledermäuse blind?

„Blind wie eine Fledermaus", sagt man manchmal. Fledermäuse können jedoch sehen. Aber wenn diese Nachttiere bei völliger Dunkelheit umherfliegen, sind sie nicht auf ihre Augen angewiesen. Sie verlassen sich vielmehr auf das Echo ihrer eigenen Rufe.

Das Mausohr gehört zu den Fledermäusen, die in Mitteleuropa heimisch sind.

Eine Fledermaus sendet während ihres Fluges durch die Nacht kurze, schnelle und schrille Schreie aus. Die Schreie prallen von jedem Gegenstand in der Nähe zurück – selbst von einem Telefondraht, der nur wenige Zentimeter entfernt ist. Die großen, scharfen Ohren der Fledermaus nehmen das Echo auf. Sofort weiß sie, wo der Draht ist, und kann trotz der geringen Entfernung noch ausweichen. Sie spürt auch ihre Nahrung, die Insekten, durch diese Art der „Echopeilung" auf.

Die Schreie der Fledermäuse sind so hoch, daß wir Menschen sie mit unserem Gehör gar nicht wahrnehmen können. Wissenschaftler haben jedoch mit empfindlichen Geräten die Laute dieser Tiere aufgenommen. Sie stellten auch Versuche an, um die Echo-Ortung zu beweisen. So wurden einer Fledermaus die Augen verklebt. Sie flog und stieß nirgends an. Als man ihr dann die Ohren verstopfte, flog sie gegen Hindernisse, denen sie vorher ausgewichen war.

Warum stechen Mücken?

Mücken sind sehr lästige Insekten. Vor allem im Sommer können sie zu einer wahren Plage werden. Sie stechen uns überall und machen uns nachts durch ihr hohes Sirren wach. Bei den Mücken stechen die Männchen überhaupt nicht. Sie sind auch viel kleiner als die Weibchen. Diese haben an ihrem Saugrüssel einen Stachel, mit dem sie in die Haut eindringen. Sie verspritzen eine juckende Substanz, die das Blut am Gerinnen hindert, und saugen ein wenig Blut. Sie brauchen dieses Blut, um ihre winzigen Eier zu produzieren. Aber wir haben das Nachsehen!

Die weibliche Mücke hat neben ihrem Saugrüssel zwei Paar Stechborsten.

Auf diesem Foto erkennt man deutlich, daß die Flossen des Fisches durch kleine Gräten verstärkt werden.

Wie schwimmt ein Fisch?

Ein Fisch gebraucht zum Schwimmen seine kräftigen Schwanzmuskeln. Die Schwanzflosse schwingt von einer Seite zur anderen, streckt sich jedesmal wieder und drückt dabei gegen das Wasser. Der Fisch stößt sich gleichsam mit seiner Schwanzflosse vom Wasser ab und bewegt sich dadurch vorwärts. Die anderen Flossen benutzen die Fische fast nie zur Fortbewegung. Die meisten Fische brauchen sie zum Steuern oder um das Gleichgewicht zu halten. Einige Fische benutzen sie als Fühler, wenn sie nachts auf Nahrungssuche sind.

Beim Schildfisch ist die Rückenflosse zu einer Saugscheibe umgeformt. Er heftet sich damit an einen Hai und fährt als „Anhalter" mit, bis der Hai Beute findet. Dann schnappt er sich die Bissen, die dem Hai aus dem Maul fallen.

Bei den fliegenden Fischen, die aus dem Wasser springen und für Sekunden durch die Luft schweben, wirken die langen Flossen wie Gleitflügel.

Wie lernen junge Enten schwimmen?

Eine kleine Ente kann schwimmen, sobald sie aus dem Ei geschlüpft ist. Sicher strebt sie zum Wasser und paddelt einfach los. Selbst wenn eine Henne das Entenei ausgebrütet hat, schwimmt das Entenbaby wie eine Ente. Man sagt, es handelt nach einem Instinkt. Wie solcher Instinkt entstanden ist, hat man noch nicht mit Sicherheit klären können. Man weiß aber, daß jedes Tier sich instinktiv so verhält, daß es seinen Lebensbedingungen so gut wie möglich angepaßt ist.

Warum bauen Biber Dämme?

Aus Ästen und Zweigen von Bäumen, die sie mit ihren scharfen Nagezähnen fällen, bauen die Biber feste Dämme quer durch Bäche und Flüsse. Sie brauchen die Äste auch, um daraus in dem gestauten, tiefen Wasser hinter den Dämmen ihre Burg zu errichten, die sie mit Lehm abdichten. Der Wohnraum für die Biberfamilie liegt darin so hoch, daß er immer trocken bleibt; die Zugänge befinden sich jedoch unter Wasser. So sind die Biber vor Feinden geschützt. Für den Winter legen sich die Biber in der Nähe ihrer Burg unter Wasser einen großen Vorrat von Zweigen an, von deren Rinden und Blättern sie sich ernähren. Wenn die Wasseroberfläche gefriert, können sie trotzdem an ihre Vorräte heran. Im flachen Wasser wäre das nicht immer möglich, weil es leicht bis auf den Grund gefriert.

Schnitt durch einen Biberbau.

Speichert das Kamel in seinem Höcker Wasser?

Ein Kamel kann zwei bis drei Wochen in der Wüste leben, ohne zu trinken. Wie kann es das aushalten?
Das Kamel speichert im ganzen Körper Wasser. Wenn es lange ohne Flüssigkeit auskommen muß, kann es bis zu einem Viertel seines Gewichts verlieren. Das vermag kein anderes Tier. Nach dieser Zeit kann es in zehn Minuten 135 Liter Wasser trinken – eine Badewanne voll!
Das Kamel wird nicht so schnell durstig, weil es kaum schwitzt und dadurch weniger Flüssigkeit verdampft. Das liegt daran, daß seine Körpertemperatur nicht gleich bleibt: In der kalten Wüstennacht sinkt sie auf 34° C ab, in der Tageshitze steigt sie auf 40° C.
Früher glaubte man, der Höcker des Kamels sei sein Wasserbehälter. Doch der Höcker enthält Fett. Bei einem gutgenährten Kamel ist der Höcker dick und prall. In schlechten Zeiten zehrt sein Körper von den Fettvorräten, und der Höcker wird schlaff.

Das Kamel ist ein Wüstentier.

Haben Fische Stimmen?

Fische gelten als stumm. Es gibt jedoch einige, die hörbare Töne von sich geben. Zu ihnen gehört der große Trommelfisch an der Westküste Nordamerikas. Er erzeugt trommelähnliche Geräusche durch zwei Muskeln, die in seinem Innern auf einen luftgefüllten Sack, die Schwimmblase, schlagen. Dieses Trommeln kann man mit einem Unterwasser-Mikrofon hören.

Der in unseren Küstengewässern lebende Knurrhahn gibt knurrende Töne von sich. In den Gewässern des tropischen Südamerika lebt der Knurrende Dornwels. Wenn er seine Brustflossen heftig bewegt, entstehen in den Gelenken deutlich knurrende und kratzende Laute. Ob die Geräusche der Fische einen bestimmten Zweck haben, wissen die Naturforscher allerdings noch nicht.

Eine Riesenschildkröte von den Galapagosinseln.

Wie kommt die Schildkröte in ihren Panzer?

Schildkröten schlüpfen aus Eiern. Sie kommen mit einem Panzer auf die Welt, der mitwächst, wenn sie größer werden, und ihnen dadurch immer Schutz bietet.

Wird eine Schildkröte erschreckt, zieht sie Kopf, Beine und Schwanz unter den Panzer. Vor den meisten ihrer Feinde ist sie dann sicher.

Im niedrigen Gras ist das Zebra durch seine gestreifte Färbung weniger geschützt als in hohem Gras, doch kann es hier den Löwen schon von weitem sehen.

Warum haben Zebras Streifen?

Die Streifen, die so auffällig zu sein scheinen, sind in Wirklichkeit die Schutzfärbung der Zebras. Sie halten sich nämlich häufig in hohem Gras auf, wo es schwer ist, die Streifen von den Schatten der Gräser zu unterscheiden. So können sie hier leicht von Löwen und anderen Raubtieren übersehen werden.
Viele Tiere können sich auf ähnliche Weise vor ihren Feinden verstecken. Eine Heuschreckenart zum Beispiel sieht wie ein Blatt aus, das schon von Käfern zerfressen worden ist. Eine andere Heuschrecke, die Stabheuschrecke oder „Wandelnder Ast“, kann leicht für einen braunen Zweig gehalten werden. Eine Verwandte von ihr ähnelt einem Zweig, der mit roten Dornen besetzt ist.
Eine Laubheuschreckenart ist wie mit Tautropfen gesprenkelt, so daß man sie kaum entdecken kann, und bei einer bestimmten Schmetterlingsart sehen die Flügel aus wie trockene Blätter, auf denen Schimmel wächst. Unter den Säugetieren sind es zwei Faultierarten, die sich dadurch tarnen, daß kleine grüne Algen in ihrem Fell leben. Sie überziehen die Tiere mit einem grünlichen Schimmer, so daß sie nur schwer zwischen den Blättern der tropischen Bäume wahrzunehmen sind.

Die Bienen liefern nicht nur Honig, sie sorgen auch für die Bestäubung der Blüten.

Sind Insekten nützlich?

Insekten sind sehr nützlich. Du weißt schon, daß Bienen Honig herstellen. Aber weißt du auch, daß es ohne Insekten kaum Äpfel, Birnen oder anderes Obst gäbe? Auf Seite 42 kannst du nachlesen, daß die Insekten für die Übertragung des Blütenstaubes sorgen. Das ist notwendig, damit die Pflanzen auch Früchte bilden können.

Viele Insekten dienen auch Vögeln und anderen Tieren als Nahrung. Ohne Insekten gäbe es weniger Vogelarten. Die Insekten sind also für die Natur unentbehrlich. Allerdings übertragen manche Insekten Krankheiten auf Menschen, was weniger angenehm ist. Denken wir an die Tsetse-Fliege, die in Afrika die Schlafkrankheit überträgt, oder an die Malariamücke, die der Träger des Malariaerregers ist.

Warum haben die Schmetterlinge so bunte Farben?

Die Schmetterlinge wirken im Vergleich zu anderen Insekten besonders zart und zerbrechlich, weil sie nicht schnell fliegen können und keinen festen Hautpanzer haben wie die Käfer. Aber die Natur hat die Schmetterlinge auf andere Weise geschützt: durch die bunte Färbung und auffällige Zeichnung ihrer Flügel. Bei einigen sehen diese wie große Augen aus. Dadurch können sie ihre Feinde abschrecken, die glauben, es handele sich um große Tiere. Bei anderen Schmetterlingen haben die Flügel die Färbung von Baumrinden. Wenn sie sich auf einem Baumstamm niederlassen, kann man sie dank dieser Schutzfarbe kaum noch erkennen.

Der Segelfalter steht unter Naturschutz.

Die Flügel dieser jungen Heuschrecke müssen erst wachsen. Sie kann damit noch nicht zirpen.

Wie können Grashüpfer so viel Lärm machen?

Für ein so kleines Tier macht ein Grashüpfer erstaunlich viel Lärm. Er reibt einfach mit seinen Hinterbeinen quer über seine Flügel. Jedes Bein hat eine rauhe Kante, etwa wie die Zähne eines Kammes. Die Flügel haben vorspringende Adern, wie die Grate auf Wellpappe. Versuch einmal, mit einem Kamm über ein Stück Wellpappe zu kratzen; genauso bringt ein Grashüpfer seine schnarrenden Laute zustande. Nur Männchen sind so geräuschvoll. Ein Grashüpferweibchen horcht nur – die Ohren sitzen aber nicht am Kopf, sondern an jeder Seite des Rumpfes.

Wozu brauchen Tiere einen Schwanz?

Tiere gebrauchen ihren Schwanz auf sehr verschiedene Weise. Ein Spinnenaffe zum Beispiel kann an seinem Greifschwanz schwingen, als ob er noch einen Arm zusätzlich hätte. Beutel- oder Opossumratten können das auch, und in Südamerika gibt es Beutelratten, die mit Hilfe des Schwanzes ihre Familie zusammenhalten: Die jungen Beutelratten wickeln einfach ihre kleinen Schwänze um den großen Schwanz der Mutter und hängen sich daran, wohin die Mutter sie auch schleppen mag.

Katzen und Eichhörnchen benutzen den Schwanz beim Sprung, um das Gleichgewicht besser zu halten. Fische und andere Wassertiere benutzen den Schwanz als Steuer. Pferde vertreiben mit dem Schwanz die Fliegen; gelegentlich sieht man sogar zwei Pferde, die einander helfen, die Fliegen zu verscheuchen. Biber schlagen mit dem breiten, platten

Schwanz auf das Wasser, um andere Biber bei Gefahr zu warnen.
Eine Schafart macht einen ganz anderen Gebrauch vom Schwanz: Er ist sehr fett und dient als Nahrungsspeicher. Das Schaf kann eine ganze Weile von dem Fett leben, wenn das Gras knapp wird. Der Pfau scheint seinen wunderschönen Federschwanz nur zum Schmuck zu haben.

Welches ist das größte Tier?

Das größte Lebewesen auf der Erde ist der Blauwal. Er kann bis zu 30 Meter lang werden und 150 Tonnen wiegen. Mit einem Schlag seines kräftigen Schwanzes vermag er die Bordwand eines kleinen Schiffes einzuschlagen. Wale sind Säugetiere; sie haben warmes Blut, und das Muttertier säugt seine Jungen, wobei es sich im Wasser auf den Rücken legt.
Ist der neugeborene Blauwal nun das größte Junge, das es gibt? Ja, wenn man das Jungtier allein von der Größe her betrachtet. Vergleicht man jedoch die Jungen mit ihren Eltern, dann sieht die Sache anders aus: Beim Menschen zum Beispiel wiegt die Mutter nur zwanzig- bis fünfundzwanzigmal soviel wie ihr neugeborenes Baby. Die Blauwalmutter wiegt dagegen fünfzigmal mehr als ihr Junges. So gesehen, stellt das Stachelschwein einen Rekord auf: Die Muttertiere wiegen nur dreimal soviel wie ihre Neugeborenen!

Warum sterben die Wale aus?

Die Menschen machen schon lange Jagd auf Wale, weil sie aus der Fettschicht dieser Tiere das Walöl gewinnen. Früher wurde es als Lampenöl benutzt; heute verwendet man es vor allem zur Herstellung von Margarine. Leider wurde in unserem Jahrhundert der Walfang so verstärkt, daß die Zahl dieser Tiere immer mehr zurückgeht. Seit 1935 stehen Wale daher unter Naturschutz. Doch auch die Wasserverschmutzung ist für die Wale lebensbedrohlich. Das Öl verklebt ihnen Augen und Ohren, so daß sie jegliche Orientierung verlieren. Einige Wale trieben auf diese Weise an Land und gingen dort jämmerlich zugrunde.

Diese Wale wurden vor der isländischen Küste gefangen.

Bei dieser Kaulquappe kann man die Ansätze der Vorder- und Hinterbeine schon deutlich erkennen (sie sind durch schwarze Kreise angedeutet).

Was ist eine Kaulquappe?

Junge Frösche nennen wir Kaulquappen. Sie haben aber mehr Ähnlichkeit mit einem Fisch als mit einem Frosch und atmen auch wie Fische: durch Kiemen an beiden Seiten des Kopfes nehmen sie Sauerstoff aus dem Wasser auf. Die Abbildung rechts zeigt, wie aus einem winzigen Ei langsam ein kleiner Frosch heranwächst. Frösche gehören zu den Lurchen; sie beginnen ihr Leben im Wasser und gehen dann an Land. Man nennt die Lurche daher auch Amphibien: Das ist Griechisch und bedeutet „beidlebige" Tiere.

Leben Tiere ebensolange wie Menschen?

Die meisten Tiere haben nur ein kurzes Leben. Einige jedoch leben länger als die Menschen. Von einer Schildkröte weiß man, daß sie 150 Jahre alt wurde. Elefanten werden etwa so alt wie Menschen, also 65–70 Jahre. Bei Hunden und Katzen sind 10 Jahre schon ein hohes Alter, aber manche werden auch 15–20 Jahre alt. Eine Insektenart – die Siebzehn-Jahr-Zikade – verbringt als Larve 17 Jahre unter der Erde, ehe sie als Zikade hervorkommt. Danach lebt sie nur noch wenige Wochen.

Die verschiedenen Entwicklungsstadien vom Ei bis zum ausgewachsenen Frosch.

Wo sind die Schwalben im Winter?

Vielleicht hast du schon gemerkt, daß im Winter die Schwalben und andere Vögel verschwunden sind. Sie fliegen im Herbst nach Süden, in wärmere Länder, wo sie genügend Nahrung finden. Unsere Schwalben verbringen den Winter in Afrika, südlich der Sahara. Im Frühling kommen sie zurück. Vögel, die alljährlich solche Reisen machen, nennt man Zugvögel. Die meisten Vogelarten wandern in großen Scharen, und jede Art fliegt Jahr für Jahr den gleichen Kurs. Manche fliegen nur einige hundert Kilometer weit, andere legen ungeheure Strecken zurück. Viele Vögel kehren immer wieder zu ihrem alten Nistplatz zurück.
Woher wir das wissen? Die Vogelkundler finden es heraus, indem sie den Vögeln als Kennzeichen kleine, ganz leichte Aluminiumringe ums Bein legen. Jeder Ring hat eine Nummer. Im Frühjahr fangen die Forscher die Vögel wieder ein und können an der Ringnummer erkennen, ob sie ihre alten Nistplätze aufgesucht haben. Danach werden sie natürlich freigelassen.

Wie aber finden die Vögel immer wieder den Weg zurück, ohne sich auf den langen Strecken zu verirren? Einige Arten richten sich offenbar nach der Sonne, denn sie fliegen nicht bei Bewölkung. Andere reisen nachts und orientieren sich am Stand der Sterne. Völlig geklärt ist die Frage aber bis heute noch nicht.

Wie heißt der größte Vogel?

Der größte Vogel der Welt fliegt überhaupt nicht. Vielleicht könnte er fliegen, er ist jedoch viel zu schwer, um vom Boden abheben zu können. Er wiegt nämlich über 150 kg und wird bis zu 3 m hoch. Seine Flügel sind verkümmert – *degeneriert* nennt man das –, weil er sie nie benutzt. Sicher hast du inzwischen gemerkt, daß hier vom Vogel Strauß die Rede ist. Dieser Vogel, der heute vor allem in Afrika beheimatet ist, kann dafür aber sehr schnell laufen, mindestens 60 km in der Stunde!

Einige große Vögel haben jedoch so gut entwickelte Flügel, daß sie hervorragend fliegen können, zum Beispiel der Albatros und der Kondor. Der Wanderalbatros hat mit über 3 Metern die größte Flügelspannweite aller Seevögel. Auch der südamerikanische Anden-Kondor hat mit 2,90 m noch eine gewaltige Spannweite. Ein Albatros wiegt im Durchschnitt 15 kg, der Kondor etwa 11 kg.
Es gibt noch einen schwereren Vogel, der trotzdem fliegen kann, das ist der Höckerschwan: Er wiegt 20 kg.

Wie bewegt sich eine Schlange vorwärts?

Schlangen haben einen langgestreckten, beinlosen Körper, der für das Gleiten geschaffen ist. Die einzelnen Schlangenarten bewegen sich jedoch auf ganz unterschiedliche Weise vorwärts. Die Kreuzotter zum Beispiel verankert ihren vorderen Körperteil mit ihren harten, beweglichen Bauchschienen im Boden und zieht den hinteren Teil nach. Dann verankert sie diesen und schiebt wieder den vorderen Teil vor – ähnlich wie ein Regenwurm über den Erdboden kriecht.

Obwohl Schlangen keine Füße haben, können sie sich blitzschnell vorwärtsbewegen. Im Bild unten ist eine Klapperschlange zu sehen.

Diese Raupe ist ihrer Umgebung durch Form und Farbe so gut angepaßt, daß sie kaum zu erkennen ist.

Warum sind Raupen so merkwürdig gefärbt?

Auf dem Foto oben siehst du eine Raupe, die durch ihre Färbung gut getarnt ist. Der braune Streifen auf dem Rücken sieht aus wie ein schmaler Zweig, und die grünen Streifen haben die Farbe der Nadeln. Farbe und Form fast aller Raupen sind dazu da, die Tiere ihrer jeweiligen Umgebung anzupassen und sie so zu schützen.

Welches ist das schnellste Tier?

Das schnellste Insekt ist wahrscheinlich die Dasselfliege, die mit einer Geschwindigkeit von 60 bis 80 Kilometern durch die Luft schießt.
Der schnellste Vogel ist der Wanderfalke. Wissenschaftler haben festgestellt, daß er im Sturzflug Spitzengeschwindigkeiten von bis zu 90 Metern in der Sekunde erreichen kann, das wären etwa 320 km in der Stunde!
Delphine sind schnelle Schwimmer. Sie können mit Motorbooten mithalten, die 50 km in der Stunde zurücklegen.
Der schnellste Vierbeiner ist der Gepard. Er wurde schon im Altertum für die Jagd auf die schnellen Antilopen und Hirsche abgerichtet. Der Gepard kann eine Geschwindigkeit von 75 km in der Stunde erreichen; auf kürzeren Strecken ist er sogar noch schneller.

Zu den Spitzmäusen gehören die kleinsten Säugetiere der Welt.

Welches ist das kleinste Säugetier?

Das winzigste Säugetier der Welt ist die Etruskerspitzmaus. Sie wird knapp vier Zentimeter groß und wiegt nur zwei Gramm. Sie ist so zart, daß man ihr schon die Knochen brechen kann, wenn man sie nur anfaßt. Eine ihrer Verwandten, die Zwergspitzmaus, ist das kleinste Säugetier nördlich der Alpen. Es wird auch nicht länger als fünfeinhalb Zentimeter und wiegt nur fünf Gramm. Diese kleinen Tiere halten noch einen anderen Rekord: Für ihre Größe fressen sie mehr als irgendein anderes vierbeiniges Tier. Jeden Tag nagen sich ihre scharfen Zähne durch einen Berg von Nahrung, der zweieinhalbmal so viel wiegt wie ihr Körper. Stell dir vor, du solltest das tun! Wenn du zum Beispiel 60 Pfund wiegst, müßtest du am Tag 50 Brote essen – oder wenn du lieber Schokolade ißt, 750 Tafeln verzehren.

Warum singen die Vögel?

Warum sprechen wir? Weil wir einem anderen etwas mitteilen wollen. Genau das will ein Vogel auch. Er möchte zum Beispiel einem anderen Vogel zu verstehen geben: „Geh weg, das ist mein Revier!", oder: „Achtung, Feind in Sicht!". Der Vogel stößt daher Laute aus, die die anderen Vögel verstehen. Vögel singen also nicht unbedingt aus Lebensfreude. Dazu sind sie meist viel zu sehr mit dem

Nestbau oder der Nahrungssuche beschäftigt. Oder sie befinden sich auf dem Weg in den Süden. Da sie bei diesem langen Flug immer beisammen bleiben müssen, verständigen sie sich durch ihr Gezwitscher. Das tun sie auch in anderen Situationen. Eine Glucke warnt ihre Küken durch lautes Gackern vor einer drohenden Gefahr. Wenn die Luft rein ist, „singt" sie wieder. Meistens sind es jedoch die Männchen, die am lautesten „schreien", weil sie das Revier verteidigen müssen.

Vögel können von Natur aus singen. Unter ihrem Kehlkopf befindet sich ein zusätzlicher Hohlraum: die Syrinx, das eigentliche Stimmorgan der Vögel. Sie ist nach oben bis auf einen schmalen Schlitz zur Luftröhre geschlossen. Darüber liegen mehrere hauchdünne Hautbänder. Beim Ausatmen vibrieren diese Bänder, genau wie unsere Stimmbänder. Die jeweilige Tonhöhe hängt von der Spannung der Bänder ab. Jede Vogelart hat eine andere Syrinx und daher auch ihren eigenen Gesang.

Dieser riesige Hai ist sehr gefährlich. Er kommt in tropischen Küstengewässern vor.

Sind Haie gefährlich?

Einige Haifischarten sind gefährlich. Sie greifen Menschen im Wasser an. Sporttaucher müssen vor ihnen auf der Hut sein, und Badegäste sollten lieber nicht ins Wasser gehen, wenn Haie gemeldet sind.

Es gibt auch ganz kleine Haie. Sie sind bei den Hochseefischern nicht sehr beliebt, weil sie zwar gierig nach dem Köder schnappen, als Speisefische aber wegen ihres unangenehmen Geschmacks gar nicht zu gebrauchen sind.

Kapitel 4

Was es ist und wie es funktioniert

Wie funktioniert ein Thermometer?

Das Thermometer an der Wand hat in der Mitte eine dünne Glasröhre mit einem farbigen Strich im Innern. Der Strich besteht aus Quecksilber, einem flüssigen Metall. Es steigt im Röhrchen auf und ab, je nachdem, ob es wärmer oder kälter wird.
An den Strichen und Zahlen auf dem Thermometer kann man ablesen, wieviel Grad im Zimmer oder draußen herrschen. Wenn die Quecksilbersäule bis zur Null und darunter absinkt, ist es so kalt, daß Wasser zu Eis wird. Steigt das Quecksilber aber bis auf 30, ist es sehr heiß.
Wie kommt es nun, daß der Quecksilberstrich länger oder kürzer wird? Wie alle anderen Stoffe besteht Quecksilber aus kleinen Teilchen, die man Moleküle nennt. Die Quecksilbermoleküle sind immer in Bewegung, sie stoßen gegeneinander und prallen wieder ab. Bei Wärme werden sie schneller, sie prallen heftiger zusammen und stoßen einander immer weiter weg. Auf diese Weise nimmt das Quecksilber mehr Platz in Anspruch und steigt im Röhrchen aufwärts.

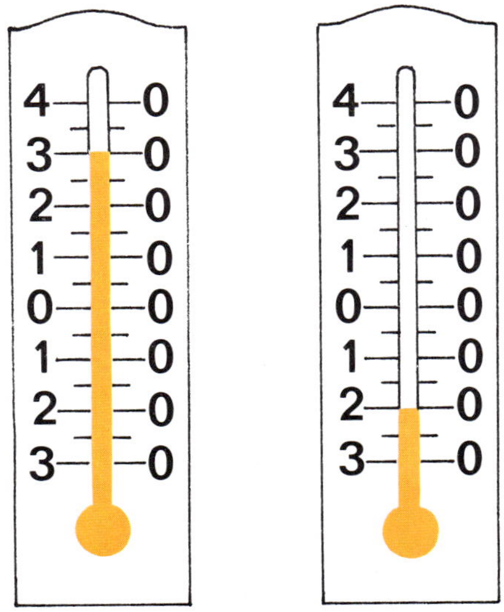

Je wärmer es wird, desto höher steigt die Quecksilbersäule. Bei Kälte sinkt sie wieder.

Wenn die Moleküle kalt werden, bewegen sie sich langsamer. Sie brauchen nun nicht mehr so viel Platz und lagern dichter beieinander, so daß die Quecksilbersäule sinkt.

Warum springt ein Ball?

Ein Gummiball springt, weil er elastisch ist. Ein elastischer Körper besteht aus Molekülen, die zwei ganz verschiedene Dinge tun: Sie geben nach, wenn sie gestoßen werden, aber sie widersetzen sich auch dem Stoß. Wenn ein Ball auf den Fußboden prallt, wird er durch den Stoß etwas abgeflacht. Die Gummimoleküle stoßen jedoch gegen den Fußboden zurück, und der Ball springt – rund wie er war – wieder in die Luft.
Auch du bestehst aus einem elastischen „Stoff“. Denk mal darüber nach, wie du aussehen würdest, wenn die Moleküle in deinem Körper bei einem Stoß keinen Widerstand leisteten!

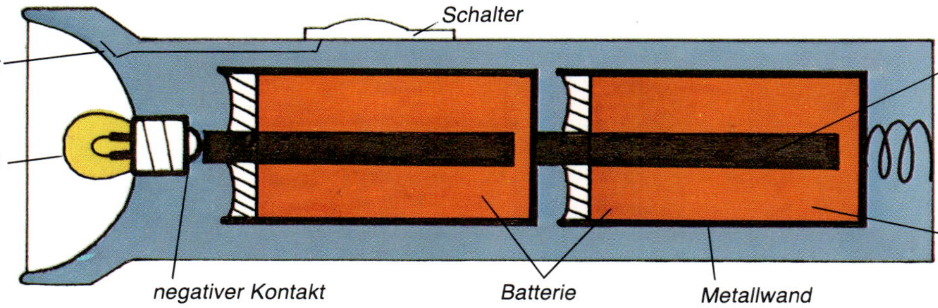

Wie funktioniert eine Taschenlampe?

Wenn du eine Taschenlampe anknipst, leuchtet ein kleines elektrisches Lämpchen auf. Woher kommt der Strom?
Die Batterien in einer Taschenlampe sind eine Art Kraftwerk. Wenn du die Lampe einschaltest, liefern sie Elektrizität in das Lämpchen und lassen es aufleuchten.
Wie stellen die Batterien Elektrizität her? Zunächst müssen wir uns vorstellen, daß es überall kleine elektrisch geladene Teilchen gibt – die Elektronen. Unter bestimmten Voraussetzungen geraten sie in Bewegung: dann fließt elektrischer Strom. Wenn sie durch den Glühfaden einer Glühbirne strömen, leuchtet diese.
Sieh dir nun einmal die Abbildung einer Batterie an. Die äußere Hülle besteht aus Metall; sie hat mehr Elektronen als der schwarze Stab in der Mitte. Zwischen beiden ist eine Art Paste. Diese enthält einen chemischen Stoff, der das Metall zwingt, einige seiner Elektronen abzugeben. Wenn du die Taschenlampe anknipst, können die Elektronen vom Metall entweichen. Sie fließen durch die Birne, bringen sie zum Leuchten und wandern wieder in den schwarzen Stab. Vom Stab aus fließen sie durch die Paste zum Metall zurück. Die chemische Paste hält die Elektronen in Bewegung, und zwar immer in einer Richtung: vom Metall zur Birne und zum Stab und dann wieder zum Metall zurück.
Wenn eine Batterie eine Zeitlang benutzt worden ist, verändert sich der chemische Stoff in der Paste. Die Bewegung der Elektronen hört auf; wir sagen dann: Die Batterie ist leer.

Wie funktioniert eine elektrische Klingel?

Wenn jemand bei euch klingelt, schlägt ein kleiner Klöppel rasend schnell gegen eine Glocke in eurem Flur – es schellt. Wie ist das zu erklären?
In der Glocke steckt ein Elektromagnet. Wird der Klingelknopf gedrückt, schließt sich ein Stromkreis, der Elektromagnet in der Glocke steht unter Strom und zieht den Klöppel an. Dieser ist an einem Blechstreifen befestigt, der eine Kontaktschraube berühren muß, wenn der Stromkreis geschlossen sein soll. Wenn der Magnet den Klöppel hinüberzieht, kann das Blech den Kontakt nicht mehr berühren – der Stromkreis wird unterbrochen, und der Elektromagnet läßt den Klöppel los. Der Blechstreifen berührt nun wieder die Kontaktschraube, der Stromkreis ist von neuem geschlossen, und der Magnet zieht den Klöppel an. Das alles wiederholt sich blitzschnell so lange, wie auf den Klingelknopf gedrückt wird.

Links: verschiedene Glühlampen. Rechts: Der Glühfaden im Glaskolben spendet das Licht.

Wie funktioniert eine Glühlampe?

Der Leitungsdraht, durch den der Strom zur Glühlampe fließt, ist etwa so dick wie die Bleimine im Bleistift. Der elektrische Strom fließt ungehindert hindurch. Im Innern der Glühlampe ist ein sehr dünner Draht. Wenn der Strom durch diesen Glühfaden zu fließen beginnt, kommt es zu einer Art Stau. Je mehr Strom fließt, desto heißer wird der Glühfaden. Er wird weißglühend, beginnt zu leuchten und gibt auf diese Weise Licht.
Der dünne Draht wird so heiß, daß er verbrennen würde, wenn er sich an der Luft befände. Im Glaskolben kann er aber nicht verbrennen, weil kein Sauerstoff darin ist: Die Luft wurde aus dem Glaskolben herausgepumpt und durch ein nicht brennbares Gas ersetzt.

Wie kann man das elektrische Licht einschalten?

Die Elektrizität kommt durch eine starke Leitung in die Häuser. Dann fließt sie durch einen dünnen Draht zur Glühlampe. Der Draht ist der Weg, dem die Elektrizität folgen muß. Wenn der elektrische Strom nicht unterbrochen wird, gelangt er in die Glühlampe und erzeugt Licht. Da du nicht immer Licht brauchst, kannst du den Strom mit einem Schalter unterbrechen, wenn du es willst.
Ein Schalter ist wie eine kleine Brücke oder ein Brett über einen Graben. Wenn du draußen einen Weg entlanggehst und an einen Graben kommst, über dem ein Brett liegt, kannst du geradewegs weitermarschieren. Hat aber jemand das Brett entfernt, mußt du anhalten.
Genauso geht es dem elektrischen Strom an der kleinen Metallbrücke im Schalter. Wenn die Brücke an ihrem Platz ist, kann die Elektrizität hinüberfließen. Wenn du jedoch das Licht ausschaltest, entfernst du die Brücke. Die Elektrizität wird so lange gestaut, bis du die Brücke wieder

über den Zwischenraum schiebst. Kleine Zwischenräume kann sie allerdings überspringen. Daher muß der Abstand zwischen den Kontaktstücken im Schalter so groß sein, daß der Strom ihn nicht überwinden kann.

Der Elektromotor dieses kleinen Autos wird mit Batterien betrieben.

Wie funktioniert ein Elektromotor?

Ein Elektromotor wandelt elektrische Energie in mechanische Energie – das heißt in Bewegung – um. Er besteht aus einem feststehenden Teil, dem *Stator,* und einem drehbaren Teil, dem *Rotor,* der auf einer Antriebswelle sitzt. Beide sind mit Kupferdraht umwickelt, der ein besonders guter Stromleiter ist.
Wird dem Elektromotor Strom zugeführt, so fließt dieser durch den Kupferdraht und setzt den Rotor in Bewegung. Mit ihm dreht sich die Antriebswelle. Wenn an ihrem Ende zum Beispiel eine Bohrmaschine befestigt wird, kann man ein Loch in die Wand bohren. Befestigt man einen Propeller daran, hat man einen Ventilator. Auf diese Weise treiben Elektromotoren unzählige Geräte und Maschinen, aber auch Lokomotiven, Straßenbahnen und Busse an.

Wie kommt es, daß eine Sicherung durchbrennt?

Vielleicht ist es bei dir zu Hause schon einmal passiert: Ein Bügeleisen, ein Toaster oder ein Ventilator sind schadhaft geworden, und plötzlich geht das Licht aus. Die Sicherung ist durchgebrannt!
Wenn du dir einmal eine durchgebrannte Sicherung von innen ansiehst, wirst du einen kleinen, zerbrochenen Metalldraht entdecken. Ehe er zerbrach, konnte der Strom von der Hauptleitung durch diesen kleinen Draht in die anderen Leitungen des Hauses fließen. Solange die richtige Menge an Elektrizität durchlief, konnte nichts passieren.
Dann lief aus irgendeinem Grund zuviel Strom durch den kleinen Metalldraht. Er wurde zu heiß, schmolz durch, und nun konnte kein Strom mehr durch die Sicherung fließen. Das Licht ging deshalb aus. Angenommen, die Sicherung wäre nicht da, dann würde die übergroße Menge Elektrizität die Leitungsdrähte im Haus heiß werden lassen, unter Umständen so heiß, daß Brandgefahr besteht. Darum baut man eine „Sicherung" ein, die vor Schäden schützt, indem sie verhindert, daß eine zu große Strommenge die Leitung erhitzt.
Wenn zu viele elektrische Geräte gleichzeitig benutzt werden, fließt unzulässig viel Elektrizität durch die Leitung. Eine Maschine, die nicht richtig arbeitet, oder eine elektrische Schnur, die schadhaft ist, können ebenfalls bewirken, daß zuviel Strom durch die Sicherung fließt und sie dann durchbrennt.

Warum werden elektrische Drähte isoliert?

Elektrizität ist sehr nützlich, aber auch gefährlich! Wenn wir mit ihr in Berührung kommen, kann das für uns tödlich ausgehen. Glücklicherweise gibt es eine Möglichkeit, diese Gefahr zu vermeiden. Elektrische Drähte sind mit Gummi oder Plastik überzogen, man nennt das „isoliert". Der Strom kann durch diese Isolierungsschicht nicht hindurch und fließt nur durch den Draht.
Wenn elektrischer Strom durch deinen Körper geht, bekommst du einen Schlag. Ein elektrischer Schlag kann so stark sein, daß er dich tötet. Es ist also am sichersten, überhaupt nicht mit elektrischen Drähten und Geräten herumzuhantieren. Ein Elektriker weiß, wie er mit Elektrizität umgehen muß. Er schaltet die Sicherung aus, damit kein Strom in die Leitung kommt, an der er gerade arbeitet.

Wie funktioniert ein Telefon?

Vielleicht hast du dir schon einmal aus Blechdosen ein Telefon gemacht, wie das auf dem Bild. Du hältst die eine Dose und ein Freund die andere; dazwischen ist ein Bindfaden straff gespannt. Was passiert, wenn du in die Dose hineinsprichst? Die Luft in ihrem Innern gerät in Schwingungen. Diese Schallwellen treffen auf den Boden deines Blechtelefons und versetzen auch ihn in unmerkliche Schwingungen. Man nennt solche Schwingungen Vibrationen. Die Vibrationen der Blechdose lassen nun die Schnur vibrieren. Die vibrierende Schnur bringt wiederum den Boden der anderen Dose zum Schwingen. Dieser versetzt die Luft in der Dose in Schwingungen, und es entstehen wieder Schallwellen. Die Schallwellen treffen auf das Ohr deines Freundes, und er hört, was du sagst.

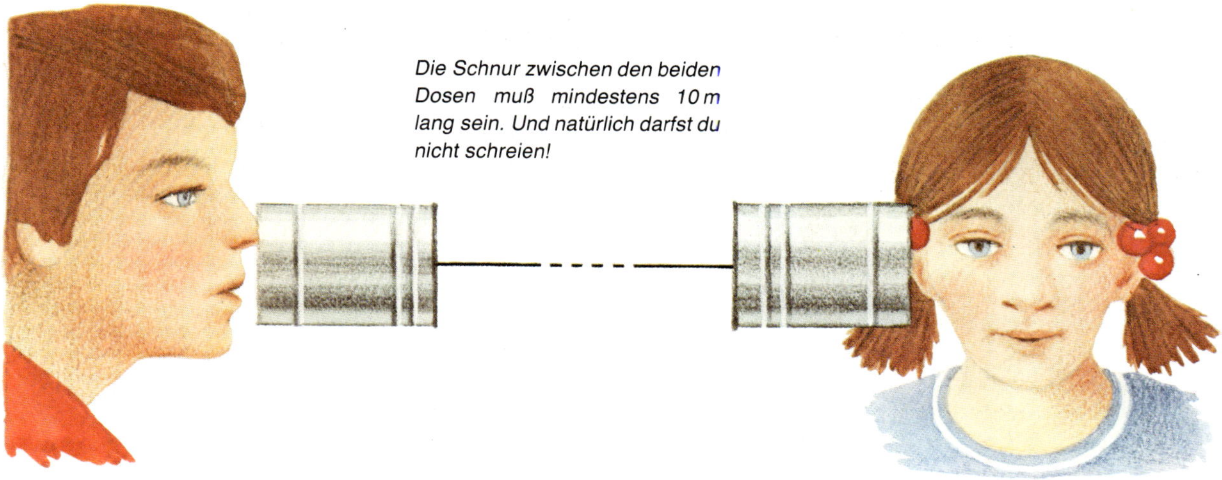

Die Schnur zwischen den beiden Dosen muß mindestens 10 m lang sein. Und natürlich darfst du nicht schreien!

Ein richtiges Telefon arbeitet mit Elektrizität. Elektrischer Strom läuft durch die Telefonleitung zwischen deinem Haus und dem deines Freundes. Er fließt stetig. Aber was passiert, wenn du zu sprechen beginnst?
Deine Stimme erzeugt Schallwellen, die auf eine dünne Metallscheibe in der Sprechkapsel des Telefonhörers treffen. Die Scheibe vibriert, genauso wie der Boden der Blechdose. Sie verwandelt die Schwingungen der Luft in elektrische Stromstöße.
Diese Stromstöße gelangen in die Hörkapsel im Telefonhörer deines Freundes. Dort wirken sie auf einen elektrischen Magneten. Der Magnet läßt eine andere Scheibe hin- und herschwingen. Diese vibrierende Scheibe erzeugt Schallwellen, die an das Ohr deines Freundes gelangen – und so kann er deine Stimme hören.

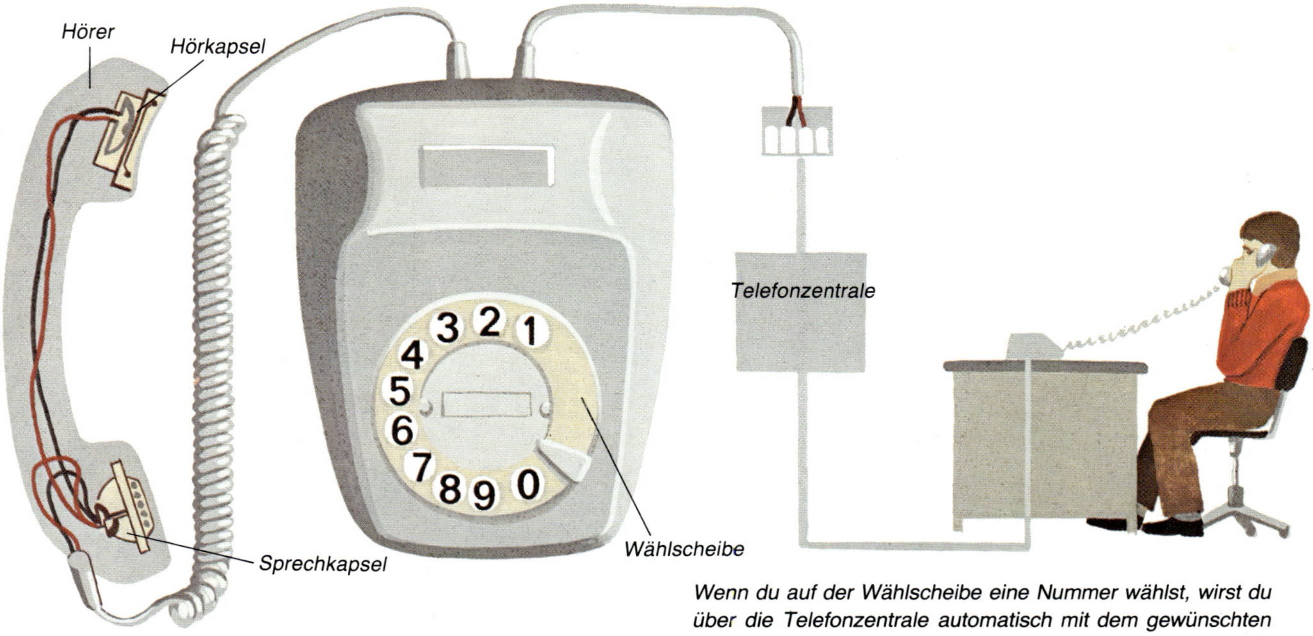

Wenn du auf der Wählscheibe eine Nummer wählst, wirst du über die Telefonzentrale automatisch mit dem gewünschten Apparat verbunden.

Warum ist Gummi elastisch?

Daß ein Gummiband sich dehnen läßt und wieder zurückschnappt, liegt an den winzigen Teilchen, aus denen Gummi besteht: den Molekülen. Sie formen lange, ineinander verschlungene Fäden – ähnlich wie ein Berg gekochte Spaghetti. Ziehst du an dem Gummi, werden diese Fadenmoleküle in die Länge gezogen; läßt du es los, legen sie sich wieder in ihre ursprüngliche, ungeordnete Form zurück.

Warum klebt Leim?

Um zu verstehen, wie Leim wirkt, müssen wir erst einmal wissen, was Leim ist. Wie alle Stoffe setzt sich Leim aus vielen kleinen Teilchen, den Molekülen, zusammen. Jedes Molekül wirkt wie eine Art Magnet: Es zieht die benachbarten Leimmoleküle an. Ein Leimmolekül zieht auch die Moleküle von Papier, Holz oder anderen Stoffen an. Diese Anziehungskraft verstärkt sich, wenn der Leim trocken wird. Die Leimmoleküle ziehen sich also nicht nur gegenseitig an, sondern auch die Moleküle der Stoffe, die zusammengehalten werden sollen: Darum kleben sie.
Es gibt verschiedene Arten von Leim. Bei einigen ziehen die Moleküle Holz oder Papier an, bei anderen Porzellan, Glas oder andere Stoffe. Tischlerleim wird aus Knochen und Haut von Tieren hergestellt. Andere Klebstoffe macht man aus Pflanzen. *Gummi arabicum* stammt von einer tropischen Akazienart, und ein milchiger Klebstoff, der Kaseinleim, wird aus Milch gewonnen. Alleskleber und viele starke Klebstoffe werden aus Kunststoffen hergestellt.

Wie arbeitet ein Kühlschrank?

Wenn Flüssigkeit verdampft, entzieht sie ihrer Umgebung Wärme. Das kannst du leicht feststellen, wenn du dir etwas Wasser oder Parfüm auf die Nasenspitze tröpfelst; es verdunstet an der Luft, und du spürst, wie die Stelle kühl wird.

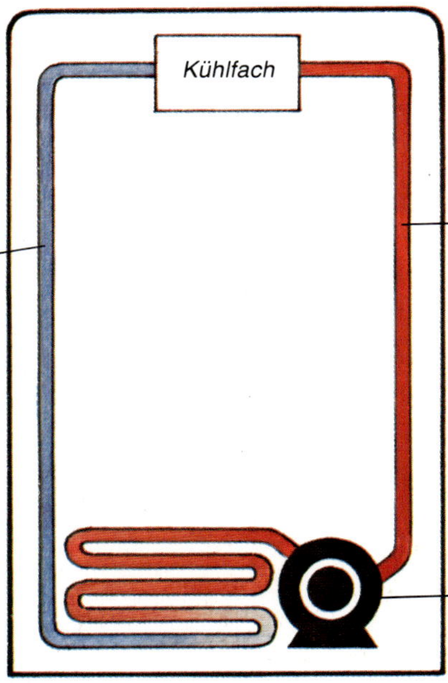

Im Kühlschrank sorgt eine Flüssigkeit – *Freon* oder *Frigen* genannt – für die Kühlung. Sie fließt mit Hilfe einer Pumpe, die der elektrische Motor des Kühlschranks antreibt, in einem ständigen Kreislauf durch ein langes, gewundenes Rohr. Im Innern des Kühlschranks verdunstet sie und entzieht ihm dabei Wärme, so daß die darin befindlichen Lebensmittel gekühlt werden. Dann fließt sie durch die Kühlrippen an der Rückseite des Kühlschranks, wo sie die Wärme an die Außenluft abgibt. Von dort fließt sie wieder zurück in den Kühlschrank, wo der Kreislauf von neuem beginnt.

Wie hält sich ein Flugzeug in der Luft?

Daß Luft um dich herum ist und eine Kraft ausübt, merkst du erst, wenn ein starker Wind weht und gegen deinen Körper drückt. Wenn du beim Autofahren die Hand aus dem Fenster hältst, hast du das gleiche Gefühl, nur bist du es diesmal, der sich durch die Luft bewegt.

Weil die Luft an der Oberseite der Tragflächen einen längeren Weg zurücklegen muß, ist der Druck dort geringer als an der Unterseite. Dadurch wird die Tragfläche hochgedrückt. Das Flugzeug hebt vom Boden ab.

Da die Luft ein Stoff ist, hat sie also auch ein Gewicht. Du wirst staunen, wie schwer Luft ist: Auf ein Blatt Papier, das du waagrecht in der Hand hältst, drücken mehr als tausend Pfund Luft! Natürlich trägst nicht du dieses Gewicht, sondern die Luft selbst, denn sie übt von allen Seiten einen großen Druck auf das Papier aus.

Die Tragfläche eines Flugzeuges ist viel breiter und länger als ein Stück Papier. Und da die Luft gegen jeden Zentimeter der Tragfläche drückt, ist der Druck gewaltig. Solange er jedoch von oben genauso stark ist wie von unten, geschieht gar nichts. Erst wenn der Druck an der Oberseite der Tragfläche verringert wird, kann der Druck von unten das Flugzeug in die Höhe heben.

Erfinder haben das Problem gelöst, indem sie der Tragfläche eine bestimmte Form gegeben haben: Sie ist auf der Oberseite gewölbt und auf der Unterseite flach. So muß die Luft an der Oberseite einen längeren Weg zurücklegen als an der Unterseite – und dadurch verringert sich ihr Druck an der Oberseite. An der Unterseite der Tragfläche bleibt der Druck der gleiche und wird sogar noch stärker, wenn die Tragfläche etwas geneigt ist. Je mehr sich die Geschwindigkeit des Flugzeugs erhöht, desto größer wird der Druckunterschied zwischen Ober- und Unterseite der Tragfläche.

Schließlich ist der Druck von unten stark genug, und das Flugzeug kann vom Boden abheben. Es fliegt, weil die Luft es nach oben treibt.

Selbst die schwersten Flugzeuge wie diese Caravelle steigen durch den Luftdruck auf.

Wie entsteht ein Echo?

Ein Echo klingt zwar sehr geheimnisvoll, es ist aber nichts weiter als der Schall deiner eigenen Stimme. Du hörst diesen Schall zweimal oder sogar noch öfter. Wie kommt das?
Der Schall bewegt sich durch die Luft in Wellen, die sich nach allen Seiten gleichmäßig ausbreiten – etwa so wie die Wellen, die entstehen, wenn du einen Stein in einen Teich wirfst. Wenn du nun vor einer Felswand stehst und laut „Hallo" rufst, so erreichen einige der Schallwellen auf direktem Wege dein Ohr. Andere treffen gegen die Felswand und werden von ihr zurückgeworfen; sie werden *reflektiert,* wie man sagt. Diese reflektierten Schallwellen hörst du erst einige Augenblicke später – das ist das Echo.

Warum hat nicht jedes Geräusch ein Echo?

Es gibt zwei Gründe, warum du nicht jedesmal bei einem Geräusch ein Echo hörst. Einmal kommen die Schallwellen nicht immer wieder zu dir zurück. Einige Gegenstände reflektieren nämlich den Schall nicht so gut wie andere. Eine harte, glatte Felswand zum Beispiel reflektiert den Schall besser als ein Berghang mit Bäumen. Im Haus sind es Gardinen, Möbel und Teppiche, die die Schallwellen schlucken, anstatt sie zurückzuwerfen. Manche Räume werden extra mit einem Spezialmaterial ausgelegt, das den Schall besonders schlecht reflektiert; sie sind *schallgedämpft*, wie wir sagen.
Der andere Grund: Die Schallwellen werden von einer nahen Wand so schnell zurückgeworfen, daß sie sich mit den vorangehenden Wellen mischen. Das ist besonders der Fall in großen, leeren Räumen. Statt eines klaren Echos entsteht dann nur eine Verstärkung der Geräusche, die dadurch hohl klingen. „Es hallt", sagen wir.

Wie funktioniert das Radio?

Du stellst das Radio an, und schon hörst du irgendein Programm von einer weitentfernten Rundfunkstation. Du weißt, daß Stimmen oder Musik nicht selbst die Luft durchqueren. Aber auf irgendeine Weise muß das Programm ja von der Rundfunkstation in deinen Empfänger gelangen. Es geschieht mit Hilfe der *Radiowellen.* Diese Wellen kannst du weder sehen noch fühlen, und ohne ein Empfangsgerät, das Radio, kannst du sie auch nicht hören. Niemand weiß genau, was Radiowellen eigentlich sind. Wir wissen nur, daß sie durch Elektrizität erzeugt werden, und haben gelernt, sie für uns zu nutzen. In der Rundfunkstation singen oder sprechen Menschen, Instrumente werden gespielt und Töne erzeugt. Dadurch entstehen Schallwellen. Sie werden von einem Mikrofon aufgefangen und in Radiowellen umgewandelt. Von einem hohen Sendeturm werden diese Radiowellen mit Hilfe von Elektrizität in alle Richtungen ausgestrahlt; einige erreichen die Antenne deines Empfängers und werden von ihr zunächst so aufgenommen, wie sie der Sender zuvor ausgestrahlt hatte. Dein Lautsprecher wandelt die Radiowellen dann wieder in Schallwellen um, und du hörst das Programm.

Wie wirkt ein Magnet?

Wenn du mit einem Magnet verschiedene Gegenstände berührst, wirst du feststellen, daß er einige davon – zum Beispiel Nägel und Nadeln – anzieht, andere dagegen – wie goldene Ringe und silberne Löffel – nicht. Ein Magnet ist aus Eisen, und er zieht nur Gegenstände an, die zu einem großen Teil aus Eisen bestehen.
Um zu verstehen, wie ein Magnet wirkt, mußt du dir zunächst einmal vorstellen, du würdest ihn in zwei Teile teilen. Die Wissenschaftler haben dabei festgestellt, daß man dabei zwei Magnete erhält. Wenn man die Hälften wiederum teilt, erhält man abermals zwei Magnete. Stell dir nun vor, du könntest den Magneten so oft teilen, bis du am Ende das kleinstmögliche Stück übrig behältst. Auch dieses kleinste Stück – *Molekül* genannt – ist ein Magnet! Jedes Eisenmolekül ist ein Magnet und zieht deshalb andere Eisenmoleküle an.

Aber warum ist dann ein Nagel kein Magnet? Warum kannst du damit keine Nadel aufnehmen? Das liegt daran, daß die Moleküle in einem Nagel durcheinandergemischt sind. Jedes einzelne zieht

völlig wahllos und ungeordnet am anderen. In einem Magneten dagegen sind die Moleküle in einer bestimmten Weise angeordnet. Sie ziehen alle in eine Richtung, und diese vereinte Zugkraft ist so stark, daß sie andere Eisenstücke an sich ziehen können.

Was sind Vitamine?

Die Nahrung, die wir brauchen, um gesund zu bleiben, setzt sich aus verschiedenen Stoffen zusammen. Einige dieser Stoffe nennen wir Vitamine. Sie werden zum größten Teil von Pflanzen gebildet; nur wenige können auch im Körper von Menschen und Tieren erzeugt werden. Die Vitamine helfen uns, unsere Nahrung richtig zu verarbeiten, neue Zellen aufzubauen und uns gegen Krankheiten zu schützen. Die verschiedenen Vitamine werden mit Buchstaben und Ziffern benannt: A, B_1, B_2, C, D usw. Schon ein Mangel an einem dieser Vitamine kann uns krank machen. So führt zum Beispiel ein Mangel an Vitamin B_1 zu einer Schwächung unseres Nervensystems. Bei Vitamin-D-Mangel können sich bei Kindern Knochen und Zähne verformen; diese Krankheit heißt Rachitis. Das Vitamin D bildet sich bei Sonnenbestrahlung; es kommt im Kohl, in Eiern, Butter und Milch vor. Vitamin A findet sich unter anderem im Salat, im Spinat, in Karotten, Zwiebeln, im Käse, in Butter und Milch. Vitamin C enthalten Orangen, Zitronen, Tomaten, frisches grünes Gemüse, Erdbeeren, Brombeeren usw.
Außer den Vitaminen braucht unser Körper auch Kohlehydrate – das sind Zucker und Stärke –, Eiweiß und Nährsalze. Eiweiß und Fettstoffe sind in Fleisch und Fisch enthalten, Nährsalze vor allem in Obst und Gemüse. Und natürlich braucht unser Körper Wasser – wir würden sonst austrocknen!

Was sind alternative Energiequellen?

Kohle, Erdöl, Erdgas und Atomenergie sind heute unsere Hauptenergiequellen. Leider sind die ersten drei nicht unbegrenzt auf der Erde vorhanden. Und die Atomenergie ist wegen ihrer Gefahren für Mensch und Natur zur Zeit sehr umstritten. Man sucht daher nach Energien, die in der Natur unbegrenzt vorhanden sind und nicht erst technisch verarbeitet werden müssen – nach *alternativen* Energiequellen. Dazu gehören Wind, Wasserfälle, die Gezeiten (Ebbe und Flut), Sonneneinstrahlung usw. Seit einigen Jahren versuchen Wissenschaftler, diese neuen Energien zu nutzen. So gibt es heute bereits mit Sonnenenergie beheizte Häuser oder Windmühlen, die Elektrizität produzieren. Man hofft, daß diese neuen Energiequellen in Zukunft eine viel größere Rolle bei der Energieversorgung spielen werden.

Überall in Europa wird mit neuartigen Windmühlen experimentiert, die Elektrizität erzeugen sollen.

Dieses Haus hat auf dem Dach eine Vorrichtung, die Sonnenlicht in Wärme umsetzt.

Was ist Radar?

Das Wort Radar kommt aus dem Englischen und ist die Abkürzung für ,,Radio Detecting and Ranging". Das bedeutet etwa: Auffinden und Vermessen mit Hilfe von Strahlung. Da dieser Name zu lang war, bildete man mit Buchstaben aus jedem der vier Wörter ein neues Wort: *RA*dio *D*etecting *A*nd *R*anging.
Mit Hilfe von Radar können Piloten und Kapitäne auch bei Nebel und in der dunkelsten Nacht sehen. Wenn ein Kapitän eines Schiffes sein Radargerät beobachtet, sieht er auf dem runden Bildschirm kleine Lichtflecke. Sein eigenes Schiff erscheint als ein dicker Lichtfleck in der Mitte des Schirmes. Die Lichtpünktchen an anderen Stellen des Schirmes kennzeichnen die Hindernisse in der Umgebung, zum Beispiel andere Schiffe, Eisberge oder Inseln. Zahlen und Buchstaben auf dem Schirm geben an, wie weit die Gegenstände entfernt sind.

So sieht ein Radarschirm aus, der den Luftraum über einem Flughafen kontrolliert.

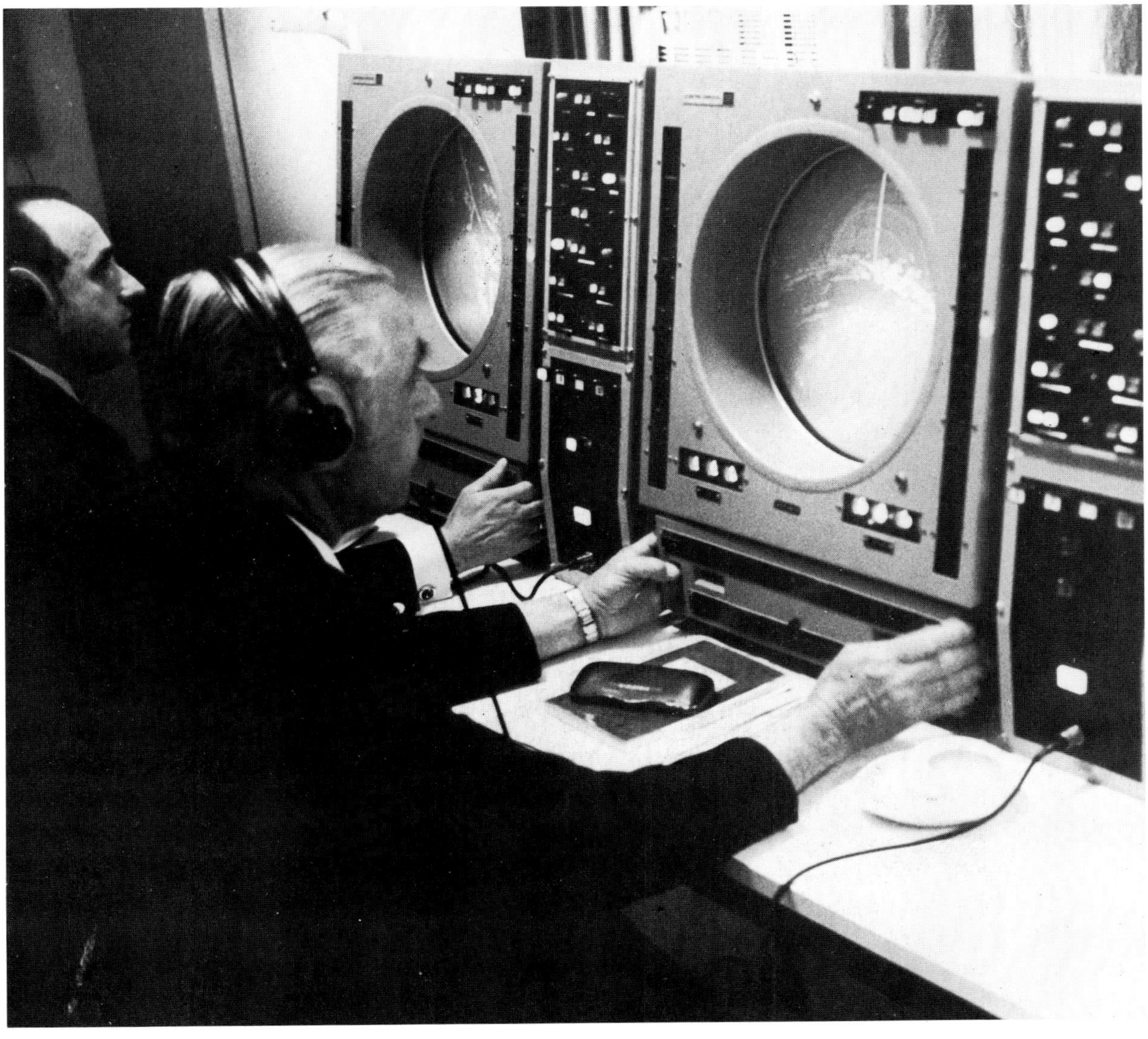

Ein Pilot, der den Radarschirm in seiner Maschine beobachtet, kann andere Flugzeuge erkennen und Flugplätze ausfindig machen, selbst durch Wolken, Nebel und stockfinstere Dunkelheit.
Vom Erdboden aus kann man mit Radargeräten Flugzeuge in der Luft ermitteln. Man kann damit aber auch in den Weltraum blicken. Mit Radarteleskopen haben Wissenschaftler Sterne entdeckt, die längst erkaltet sind und nicht mehr das geringste Fünkchen Licht senden!

Mit Hilfe von Radargeräten kann der Verkehr auf dem Wasser und in der Luft zuverlässig geregelt werden.

Wie arbeitet ein Radargerät?

Ein Teil des Radargerätes arbeitet wie eine Rundfunk- oder Fernsehstation und sendet Radiowellen aus. Wenn diese Wellen auf feste Gegenstände treffen, werden sie zurückgeworfen und von einem anderen Teil des Radargerätes aufgenommen, der wie ein Fernsehempfänger arbeitet. Er wandelt die Radiowellen in Licht um. Helle Lichtpunkte auf dem Radarschirm zeigen an, daß die Wellen auf feste Gegenstände aufgetroffen sind und von ihnen zurückgeworfen werden. Radiowellen legen in einer Sekunde 300 000 km zurück. Das Radargerät muß also sehr schnell arbeiten. Im Bruchteil einer Sekunde mißt es die Zeit, die die Radiowellen hin und zurück brauchen; dann errechnet es automatisch, wie weit der Gegenstand entfernt ist. Im gleichen Augenblick erscheint ein Lichtfleck auf dem Schirm; er gibt Entfernung und Richtung des Gegenstandes an.

Warum löscht Wasser Feuer?

Feuer braucht Luft, um brennen zu können. Was geschieht nun, wenn ein Feuerwehrmann Wasser auf ein brennendes Haus spritzt? Im gleichen Augenblick verwandelt die Hitze das Wasser in Dampf. Dampf ist ein heißes Gas, das viel mehr Raum einnimmt als Wasser. Es dehnt sich nach außen, von der Wand des brennenden Hauses weg. Dabei drückt es auch Luft weg. Ohne Luft aber erlöschen die Flammen.
Gleichzeitig bewirkt das Wasser etwas, was ebenso wichtig ist, wie die Flamme zu ersticken: Es kühlt das brennende Haus ab. Dadurch geht das Feuer aus. Holz kann nicht brennen – auch wenn Luft

vorhanden ist –, wenn es nicht schon heiß ist. Aus diesem Grunde benutzt man ein Streichholz, Papier und trockenes Kleinholz, wenn man ein großes Stück Holz im Ofen in Brand setzen will. Zuerst erhitzt das Streichholz das Papier, das zu brennen beginnt. Die Flammen erhitzen das Kleinholz, das sich nun auch entzündet. Schließlich ist das große Stück Holz heiß genug, so daß es ebenfalls brennen kann.

Wie kommt es, daß die Fenster beschlagen?

Wenn du auf einer beschlagenen Fensterscheibe ein Bild malst, wird dein Finger naß. Woher stammt das Wasser? Es stammt aus der Luft. Überall in der Luft ist ständig etwas Wasserdampf, winzige Wassertröpfchen, die du nicht sehen kannst. Alle diese Wassertröpfchen bewegen sich in der warmen Luft eines Zimmers sehr schnell umher. Wenn sie aber dicht an das kalte Fenster gelangen, werden sie langsamer und setzen sich nach einiger Zeit an der Fensterscheibe fest. Schließlich sind es so viele, daß du sie sehen und fühlen kannst.

Wenn es draußen sehr kalt ist, werden die Wassertröpfchen auf der Fensterscheibe zu Eis und bilden wundersam geformte „Eisblumen“.

Die Morgensonne scheint durch eine mit Wassertropfen beschlagene Fensterscheibe.

Was ist eine Mumie?

Den Körper eines gestorbenen Menschen oder Tieres, der haltbar gemacht (konserviert) wurde, nennt man Mumie. Mumien können sich Tausende von Jahren halten. Ihre Haut sieht aus, als sei sie zu Leder geworden.

Die Kunst der ,,Mumifizierung" wurde bereits im alten Ägypten entwickelt. Vor allem die toten Angehörigen der Königsfamilie wurden mumifiziert. Die Behandlung, zu der man chemische Stoffe, Öle und Gewürze verwendete, dauerte 70 Tage. Die Körper der Toten wurden sehr sorgfältig einbalsamiert und in prächtige Särge gelegt. Die Särge kamen in die Grabkammern, die tief im Innern riesiger

Mumie eines alten Ägypters.

Gedenkbauten, der Pyramiden, verborgen waren. Kostbare Schätze wurden mit hineingelegt; sie sollten den Verstorbenen das Dasein im Totenreich verschönern. Die Zugänge zur Grabkammer wurden vermauert und unkenntlich gemacht.

Arme Ägypter mumifizierten ihre Toten auf eine Art, die nichts kostete. Sie legten die Toten einfach in den heißen Wüstensand, wo sie in der sengenden Sonne völlig austrockneten. Dabei verschrumpelte natürlich die Haut, so daß die Mumie nur noch wenig Ähnlichkeit mit dem Verstorbenen hatte. Auch Indianerstämme haben Tote auf solche Art mumifiziert. Im Südwesten der USA fand man in Decken gehüllte Mumien in luftdicht verschlossenen Räumen.

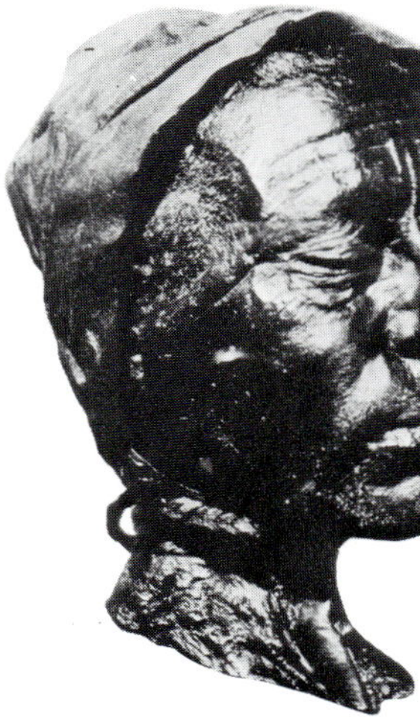

Das Moor hat die Leiche dieses Dänen jahrhundertelang erhalten.

Was ist ein Bumerang?

Ein Bumerang ist ein gebogenes Holz und sieht ähnlich aus wie die Tragflächen eines Düsenflugzeuges ohne Rumpf. Durch diese Form kann der Bumerang durch die Luft fliegen und sich gleichzeitig drehen. Wirbelnde Körper verhalten sich stabil. Ein sich drehender Kreisel zum Beispiel kippt nicht um. Wenn der Peitschenschlag ihn auch neigt, er dreht sich immer weiter; außerdem bewegt sich auch sein Mittelpunkt in einem Kreis.

In der gleichen Weise dreht sich der

Bumerang, während er sich in einem Kreis bewegt und zum Werfer zurückkehrt. Ein Bumerang vereinigt die Eigenschaften der Tragfläche eines Flugzeuges und eines Kreisels.
Die Ureinwohner Australiens erfanden den Bumerang vor langer Zeit für die Jagd. Mit dieser fliegenden Waffe holte ein Jäger Vögel aus der Luft herunter und erlegte das flinkste Beutetier. Natürlich kann ein Bumerang nur zurückkehren, wenn er das Ziel verfehlt.

In einem Atomkraftwerk wird mit Atomenergie Elektrizität produziert.

Was ist Atomenergie?

Wenn ein Stück Holz brennt, gibt es Wärme und Licht ab. Wärme und Licht sind Formen von Energie. Wenn man das Holz in seinem ursprünglichen Zustand läßt, gibt es keine Energie ab. Wir müssen es erst anzünden, und es muß genug Sauerstoff vorhanden sein. Einige Materialien verhalten sich aber anders: Sie geben Energie ab, ohne daß man etwas dazu tun müßte. Zwei dieser besonderen Stoffe sind Uran und Radium.

Ein Atom ist, wie du auf Seite 82 nachlesen kannst, der kleinste Teil eines chemischen Elements. Die meisten Atome bleiben so, wie sie sind, und ändern sich nicht. Gewaltige Kräfte halten die Teilchen zusammen, die *Kernkräfte*. Bei den Atomen von Radium und Uran ist es etwas anders. Manchmal platzt ein solcher Kern und sendet Teilchen aus. Diese Eigenschaft mancher Atomkerne, sich ohne äußere Einwirkung zu spalten und dabei neue Atomkerne zu bilden, nennt man *Radioaktivität*. Die Wissenschaftler haben in diesem Jahrhundert herausgefunden, wie man Kernspaltungsvorgänge künstlich auslösen und dabei gewaltige Energiemengen freisetzen kann. Die Zerstörungskraft der Atombombe ist verheerend, aber man kann diese Erkenntnisse auch friedlich nutzen. In speziellen technischen Anlagen, *Atom-* oder *Kernreaktoren*, können die freiwerdenden Energiemengen zum Beispiel zur Erzeugung von Elektrizität genutzt werden.

Doch die Freisetzung atomarer Energie birgt auch Gefahren für uns, die größer als alle bisher bekannten Bedrohungen sind: Schon winzige Mengen Radioaktivität schädigen auf unsichtbare Weise die Zellen jedes Lebewesens oder töten sie sogar. Die Energieerzeugung mit Hilfe der Atomkraft setzt voraus, daß die Kraftwerke absolut sicher arbeiten, um drohende Gefahren für Mensch und Umwelt, die durch technische Pannen oder menschliches Versagen entstehen können, zu vermeiden.

Woraus bestehen Atome?

Ein Gold-, Silber- oder Uranatom ist der kleinste Teil Gold, Silber oder Uran. Ein Atom ist so winzig, daß du es auch unter dem stärksten Mikroskop nicht sehen könntest. Früher dachte man, Atome seien die kleinsten Teilchen, die es gibt, und daher unteilbar. Aber Wissenschaftler haben entdeckt, daß auch ein Atom noch gespalten werden kann.
Jedes Atom hat in der Mitte einen großen Kern aus Teilchen, die man *Protonen* und *Neutronen* nennt. Um ihn herum kreisen viele kleinere Teilchen, *Elektronen* genannt. Jeder Stoff besteht aus bestimmten Atomen, die sich untereinander gleichen. Sie unterscheiden sich von den Atomen anderer Stoffe durch die Anzahl ihrer kleinsten Teilchen.

Kohlenstoffatom

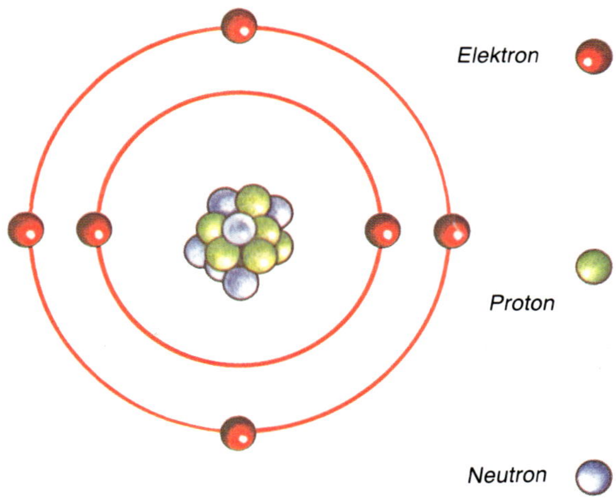

Wozu gibt es Ballonraketen?

Diese Kombination aus einer Rakete und einem Ballon dient dazu, Meßinstrumente sehr hoch in die Luft zu befördern. Zuerst steigt der Ballon bis in eine Höhe von 25 Kilometern. Dann wird die Rakete automatisch gezündet und steigt nochmals etwa 70 Kilometer höher. Ein automatisches Funkgerät im Ballon sendet Informationen über Temperaturen, Windstärke und Sonnenstrahlung in der Erdatmosphäre zur Bodenstation. Diese Angaben sind für die Meteorologen und die Wissenschaftler in der Raumforschung sehr wichtig.

Was ist eine Röntgenaufnahme?

Vielleicht bist du schon einmal geröntgt worden. Dann weißt du ja bereits, wie das vor sich geht. Man stellt sich dabei hinter eine fotografische Platte. Sie ist auf beiden Seiten mit einem Spezialmaterial beschichtet. Der Arzt belichtet diese Platte mit unsichtbaren Strahlen, den Röntgenstrahlen. Diese können deinen Körper durchdringen und hinterlassen auf dem Film ein Abbild. Die entwickelte Aufnahme sieht dann wie ein großes Negativ aus. Der Arzt hält sie gegen das Licht und kann an den Schattierungen und Umrissen erkennen, wie dein Körper innen aussieht. Er kann sofort feststellen, ob du dir den Arm gebrochen oder nur verstaucht hast.

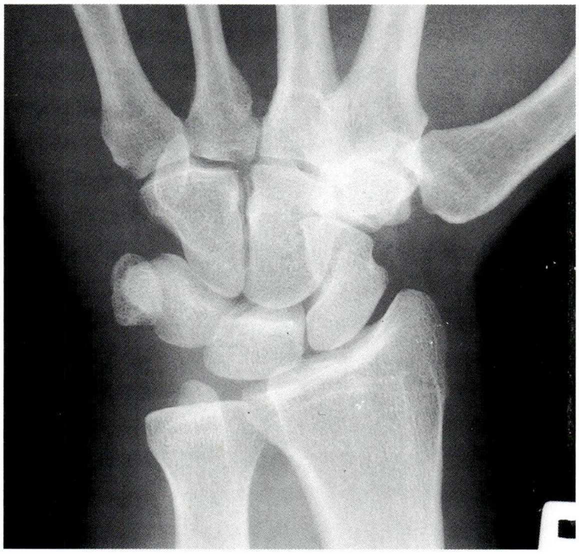

Röntgenaufnahme einer Hand.

Kinder brauchen mehr Schlaf als Erwachsene, weil sie noch wachsen.

Warum müssen wir schlafen?

Den Schlaf brauchen wir, damit sich unser Körper und unser Gehirn von der Arbeit des Tages erholen können. Wenn wir schlafen, arbeiten unsere Organe langsamer; bestimmte Muskeln und Teile unseres Gehirns schalten sogar völlig ab. Alte oder abgenutzte Zellen in unserem Körper erneuern sich, giftige oder überflüssige Stoffe werden zum Beispiel über die Nieren ausgeschieden. Wußtest du, daß wir etwa ein Drittel unseres Lebens mit Schlafen verbringen?

Einer der berühmtesten Aquädukte, der Pont-du-Gard, steht bei Nîmes in Südfrankreich.

Was ist ein Aquädukt?

Das Wort ‚Aquädukt' kommt aus dem Lateinischen und heißt Wasserleitung. Die alten Römer legten solche Leitungen an, um ihre Städte auch aus größeren Entfernungen mit Wasser zu versorgen. Das Wasser kam aus hochgelegenen Gebirgsquellen und floß in gemauerten Kanälen über Berge und Täler. Um die Unebenheiten des Geländes auszugleichen, bauten die Römer über Flüsse und zwischen Bergen diese Aquädukte – riesige, bis zu 40 m hohe Bogenbrücken; obenauf befand sich eine Rinne, in der das Wasser floß. Einige Aquädukte, wie der oben abgebildete Pont-du-Gard bei Nîmes in Südfrankreich, waren sogar dreistöckig. In der Stadt wurde das herbeigeführte Wasser meist in Türmen gespeichert und von dort aus über Rohre in die Häuser geleitet. Aquädukte kannst du auch heute noch in der Nähe von Rom (Italien), in Athen (Griechenland) sowie in Segovia und Tarragona (Spanien) bewundern.

Was sind kosmische Strahlen?

Das Geheimnis der kosmischen Strahlen – das sind Strahlen aus dem Weltall – hat die Wissenschaftler lange beschäftigt. Sie konnten die Spuren dieser Strahlen zwar sehen und mit Instrumenten in den Laboratorien messen, aber keiner wußte genau, was für Strahlen das eigentlich waren. An einem Glasgefäß, das mit Wasser- oder Alkoholdampf gefüllt war, konnten die Forscher beobachten, wie die Strahlen durch das Glas drangen, die Dämpfe durchquerten und beim Austritt eine Dampfspur hinter sich ließen. Diese starken Strahlen mußten mit ungeheurer

Geschwindigkeit aus dem Weltraum kommen, um Glas, Metall und sogar Steinmauern zu durchdringen.
Heute ist das Geheimnis erforscht. Wir wissen, daß kosmische Strahlen atomare Teilchen sind, die sich mit unglaublicher Geschwindigkeit – 300 000 km in der Sekunde! – durch den Raum bewegen. Viele kosmische Strahlen stammen von der Sonne, aber auch von anderen Sternen gelangen sie zur Erde. Der größte Teil wird von der *Atmosphäre*, der Lufthülle der Erde, zurückgehalten.
Um dir ein Bild zu machen, wie kosmische Strahlung entsteht, stell dir Pfirsiche vor, die unter einen Wasserstrahl geraten. Der harte Strahl reißt die Haut der Pfirsiche und dann auch das Fruchtfleisch ab, bis schließlich nur noch die Kerne übrigbleiben. Sie werden wie Geschosse weggeschleudert.
Eine ähnliche Wirkung haben die Wirbelstürme aus glühendheißen Gasen, die ständig über die Oberfläche der Sonne brausen. Sie reißen die äußeren Teile der Atome weg und sprengen auch deren Kerne. Die einzelnen Atomteilchen werden mit solcher Geschwindigkeit weggeschleudert, daß sie die Lufthülle der Erde und sogar Steinmauern durchdringen.

Was ist Treibsand?

Über Treibsand gibt es viele gruselige Geschichten von Menschen und Tieren, die plötzlich in die Tiefe gezogen wurden und für immer verschwanden. Treibsand ist tatsächlich sehr gefährlich; was er aber wirklich ist, wissen nur wenige: feinkörniger Sand, der trocken erscheint, aber völlig mit Wasser durchtränkt ist und wie Schlamm nachgibt. An Meeresküsten nennt man ihn *Mahlsand*. Er kann gestrandete Schiffe so schnell „einmahlen“, daß sie sogar entzweibrechen. Im Binnenland bezeichnet man Treibsand als *Schwimmsand*, er entsteht manchmal durch eine unterirdisch sprudelnde Quelle und ist ein gefährlicher Baugrund.

Schwimmsand entsteht, wenn Sand von einer unterirdischen Wasserquelle durchdrungen ist.

Was ist ein Computer?

Ein Computer ist eine elektronische Rechenanlage, die aber mehr kann als nur rechnen, nämlich eine Unmenge von Informationen speichern und wiedergeben. Im Grunde ist ein Computer wie ein riesiges Gehirn. Die Geschwindigkeit, mit der dieses Gehirn funktioniert, ist unglaublich; Menschen würden für dieselbe Arbeit viel mehr Zeit benötigen. Während das menschliche Gehirn aus

Zellen besteht, setzt sich der Computer aus einer Fülle von Schaltkreisen zusammen. Diese Schaltkreise nehmen Anweisungen in einer speziellen Computersprache, ‚Code' genannt, entgegen. Zur Eingabe der Daten verwendete man früher Lochkarten. Später benutzte man Magnetbänder, ähnlich wie bei Tonbandgeräten. Heute arbeitet man viel mit Magnetplatten. Computer spielen eine immer größere Rolle in unserem Leben. Das geht so weit, daß wir bei vielen Pannen die Verantwortung ihnen zuschieben: „Der Computer hat schuld", heißt es dann. Aber natürlich kann ein Computer nicht ohne die Menschen funktionieren. Von ihnen bekommt er die Daten, die sie bei Bedarf auch wieder abrufen.

Diese Computer verrichten die Arbeit von mehreren Dutzend Menschen.

Ist ein Tipi das gleiche wie ein Wigwam?

Die Indianer Nordamerikas lebten in Wigwams. Das waren kuppelförmige Hütten aus Ästen, die kreisförmig in den Boden gesteckt, oben zusammengebunden und mit Rinden oder Schilfrohr bedeckt wurden. Wenn die Indianer weiterzogen, ließen sie ihre Wigwams stehen und bauten sich an anderer Stelle neue. Die Weißen nannten später alle Wohnungen der Indianer Wigwams. Aber die Indianer kannten noch andere Behausungen, die sich je nach Landschaft und dem dort herrschenden Klima unterschieden. Die umherziehenden Indianer der nordamerikanischen Prärien bauten sich Tipis: Das waren Zelte, die aus einem Stangengerüst bestanden, über das Rinden oder Felle gehängt wurden. Wenn die Indianer in neue Jagdgebiete weiterzogen, wurden diese Tipis abgebrochen und an anderer Stelle wieder aufgebaut.

Indianer lebten nicht nur in Wigwams. Einige Stämme bauten längliche Hütten, in denen die ganze Sippe wohnte.

Gibt es wirklich Seejungfrauen?

Hübsche Seejungfrauen mit schuppigen Fischschwänzen gibt es nur im Märchen. Doch in früheren Zeiten gab es immer wieder Seeleute, die behaupteten, Seejungfrauen gesehen zu haben.

Wahrscheinlich gaben die Seekühe den Anlaß für die Entstehung solcher Berichte. Seekühe leben im Meer, und da sie keine Fische, sondern Säugetiere sind, müssen sie zum Atmen an die Oberfläche kommen. Wie alle Säugetiere säugt das Weibchen ihr Junges, sie drückt es dabei mit den Flossen an ihre Brüste, die sich wie beim Menschen in Brustkorbhöhe befinden. Manchmal richten sich die Seekühe auch im Wasser auf, als ob sie stehen könnten. Es ist daher schon denkbar, daß ein kurzsichtiger Seemann an einem nebligen Tag eine Seekuh aus der Ferne für eine Seejungfrau gehalten hat.

Was ist Nylon?

Nylon ist eine künstlich hergestellte Textilfaser. Sicher hast du schon Gegenstände gesehen, die aus Nylon hergestellt werden: die Strümpfe deiner Mutter, deine Hemden oder Blusen, dein Badeanzug, Bürstenhaare usw. Nylon wird auch häufig in der Industrie verwendet, weil es sehr viele günstige Eigenschaften besitzt: Es ist haltbar, leicht dehnbar, elastisch, läßt sich gut waschen und trocknet auch schnell.

Nylon wurde 1931 von dem amerikanischen Chemiker W. H. Carothers erfunden und ist die Sammelbezeichnung für eine Reihe von Kunststoffen, die sogenannten *Polyamide*.

Manche Tunnel werden mit riesigen Fräsmaschinen durch den Felsen gebohrt.

Wie wird ein Tunnel gebaut?

Ein Gebirgstunnel muß auf andere Art und Weise gebaut werden als ein Unterwassertunnel. Beim Bau des Simplon-Tunnels in den Alpen hat man zuerst Löcher in den Felsen gebohrt und sie mit Sprengstoff gefüllt. Nach der Sprengung wurden die gelösten Gesteinsbrocken beiseite geräumt und abtransportiert. Das so entstandene Gewölbe wurde abgestützt und ausbetoniert.
Bei einem Unterwassertunnel wie dem Elbtunnel in Hamburg werden die Tunnelabschnitte vorgefertigt und in eine ausgebaggerte Rinne unter Wasser abgesenkt. Die einzelnen Tunnelabschnitte werden dann miteinander verbunden.

Was ist Baumwolle?

Viele Stoffe um dich herum sind aus Baumwolle: einige deiner Kleidungsstücke (vor allem Unterwäsche, aber auch Blusen und Hemden, Hosen und Röcke), außerdem Tischdecken, Vorhänge, Zelte usw. Baumwolle ist schon seit über 3000 Jahren bekannt. Sie wird aus der Frucht der Baumwollpflanze gewonnen, die ursprünglich aus Indien kam und dann auch in China und Ägypten verbreitet wurde. Heute wird Baumwolle in tropischen und subtropischen Regionen von Afrika, Asien und Amerika angebaut. Die Pflanzen wachsen in Sträuchern von 0,5 m bis 2,5 m Höhe. Ihre Fruchtkapseln springen auf, wenn sie reif sind, und die weichen, weißen Samenhaare quellen in kleinen Büscheln hervor. Diese Faserbüschel werden entweder mit der Hand oder von Maschinen gepflückt, in die Fabrik transportiert und dort zu Baumwollgarn verarbeitet. Aus diesem Garn werden dann die verschiedenen Baumwollstoffe gewebt.

Was ist eine Moschee?

Eine Moschee ist ein islamisches Gotteshaus. Von ihrem Turm, dem Minarett, fordert der Muezzin, ein Gebetsrufer, die Gläubigen fünfmal am Tag zum Gebet auf. Er tut dies in einer genau festgelegten Form. Die Gläubigen unterbrechen daraufhin ihre jeweilige Beschäftigung, werfen sich auf die Knie und verneigen sich tief in Richtung Mekka. Mekka ist der wichtigste Wallfahrtsort der Mohammedaner, der religiöse Mittelpunkt der islamischen Welt. Für das Gebet am Freitagmittag ist der Besuch in der Moschee vorgeschrieben.

Die große Moschee von Kairo.

Was ist eine Zuchtperle?

Viele Meerestiere sind sehr zart. Zum Schutz gegen Feinde sind sie von einer Schale umgeben. Man nennt sie daher Schalentiere. Zu ihnen zählen zum Beispiel die Muscheln und Austern. Diese Tiere bilden an der Innenseite ihrer Schale eine Perlmuttschicht, die in vielen Farben schimmert: weiß, gelb, blau, rosa oder grau. Dringt etwas Sand oder ein Steinchen in die Schale ein, überzieht das Tier den winzigen Fremdkörper mit Perlmutt. So entsteht eine Perle.

Die Menschen finden Perlen schön und machen daraus Schmuck, zum Beispiel Perlenketten, Ohrringe oder Anstecknadeln. Sie haben herausgefunden, daß Schalentiere auch künstlich abgelegte Steinchen mit einer Perlmuttschicht überziehen. Perlen, die auf diese Weise entstehen, nennen wir Kultur- oder Zuchtperlen.

Es dauert ungefähr sieben Jahre, bis so eine Perle groß genug ist, damit sie als Schmuckstück verarbeitet werden kann.

Was ist Stahl?

Die Erdkruste enthält Erze. Das sind Gesteine, die Metalle enthalten, zum Beispiel Eisenerz. Um Eisen daraus zu gewinnen, schmilzt man es im Hochofen. Das Eisen wird dabei flüssig und kann von den übrigen Bestandteilen getrennt werden. Wird dieses Roheisen mit Kohlenstoff gemischt, erhält man Stahl. Stahl besteht zu mindestens 96% aus Roheisen, die restlichen 4% sind Kohlenstoff. Werden noch andere Stoffe hinzugefügt, spricht man von *Stahllegierungen* (eine *Legierung* ist ein Gemisch). Stahl ist also schmiedbares Eisen, das durch Reinigung und Weiterverarbeitung von Roheisen gewonnen wird.

Hier wird flüssiger Stahl in eine Form gegossen und dann abgekühlt.

Was sind Wirbelstürme?

Wirbelstürme entstehen in Meeresgebieten, wo die Luft besonders warm ist, vor allem in den Tropen. Wenn kalte, trockene Luftmassen auf warme Luftmassen stoßen, bilden sich gewaltige Luftwirbel. Die Luft rotiert um das Zentrum des Wirbelsturms, das „Auge", wo die Luftbewegung nicht sehr groß ist. Tropische Wirbelstürme können Geschwindigkeiten bis 250 km/h erreichen. Durch ihre unvorstellbar große Gewalt sind auf den Ozeanen schon große Schiffe in die Tiefe gerissen worden. Aber auch auf dem Festland haben diese Stürme verheerende Folgen, wenn sie die Küste erreichen und tiefer ins Land dringen. Schwere Gegenstände, Menschen, Vieh und selbst ganze Siedlungen werden wie Kartenhäuser weggefegt. Manchmal brechen unter dem Druck des Wassers die Deiche, und verheerende Überschwemmungen sind die Folge. Im Jahre 1867 starben hunderttausend Menschen bei einer solchen Naturkatastrophe im Gangesdelta. Die tropischen Wirbelstürme des westlichen Pazifik nennt man Taifune, in Nordamerika heißen sie Tornados, in der Karibischen See werden sie Hurrikane genannt. Im November 1970 verwüstete eine furchtbare Flutwelle weite Landstriche in Bangladesch und forderte Zehntausende von Opfern. In unseren Breiten ist der Orkan die stärkste Stufe des Sturms. Die Sturmflut, die am 1. Februar 1953 den Süden der Niederlande überschwemmte und 1800 Opfer forderte, wurde durch einen Orkan ausgelöst, der über die ganze Nordsee hinwegtobte.

Was ist ein Eisberg?

Vor den Küsten Grönlands und der Antarktis treiben gewaltige Eismassen auf dem Meer, das sind Eisberge. Sie entstehen, wenn Gletscher sich langsam ins Meer vorschieben und dabei überhängende Stücke abbrechen. Man sagt, der Gletscher „kalbt". Die meisten Eisberge sind etwa 300 bis 1000 Meter lang, einige sogar 50 km! Ihre Höhe beträgt etwa 50 Meter, aber nur etwa $^1/_5$ bis $^1/_7$ ragt aus dem Wasser. Deswegen bilden Eisberge für die Schiffahrt eine große Gefahr. Jedes Jahr treiben fast 7000 Eisberge von den Küsten Grönlands nach Süden und geraten dabei in den Bereich des Neufundlandbeckens, durch das die Schiffahrtsstrecke zwischen Amerika und Europa verläuft. Im vorigen Jahrhundert sanken viele Schiffe nach Zusammenstößen mit Eisbergen. Die „Titanic" zum Beispiel, ein britisches Passagierschiff, rammte auf ihrer ersten Fahrt im Jahre 1912 einen Eisberg und sank innerhalb von drei Stunden. Mehr als 1500 der 2200 Passagiere fanden den Tod. Seitdem gibt es Eisdienste, die die Schiffe vor Eisbergen warnen.

Eisberge bedeuten eine große Gefahr für die Schiffahrt.

Was ist ein Fjord?

Fjorde sind schmale, meist tiefe Buchten, von denen es besonders viele in Norwegen, Finnland und Grönland gibt. Sie sind während der Eiszeit entstanden, als diese Gebiete von einer dichten Schnee- und Eisdecke überzogen waren, aus der sich Gletscher bildeten. Gletscher sind riesige Ströme, die nicht Wasser, sondern Eis mit sich führen. Wenn die Eisdecke schwer genug ist, fließen die Gletscher durch ihr eigenes Gewicht zu Tal, wo sie sich einen Weg ins Meer bahnen. Durch die gewaltige Kraft der Eisschichten wurden die Täler im Laufe der Zeit völlig abgeschliffen und U-förmig „ausgebaggert". Gegen Ende der Eiszeit begannen Eis und Schnee zu schmelzen. Der Wasserspiegel der Ozeane stieg ziemlich schnell, so daß die U-förmigen Täler sich mit Wasser füllten. Das sind heute die Fjorde: Eiszeitliche Täler, in die das Meer eingedrungen ist. An den Ufern ragen steile Felswände empor, manche sind fast 1000 Meter hoch. Einige Fjorde sind so tief, daß selbst große Schiffe sie befahren können. Der größte und wohl auch schönste Fjord ist der Sogne-Fjord in Norwegen, der fast 180 km lang ist.

Der Sogne-Fjord in Westnorwegen.

Wie funktioniert ein Kompaß?

Die Erde ist im Grunde ein riesiger, kugelförmiger Magnet. Sie hat zwei magnetische Pole. Der eine dieser magnetischen Pole befindet sich ganz nahe beim geographischen Nordpol. Ein Kompaß ist ein kleiner Behälter, in dem eine bewegliche magnetische Nagel angebracht ist, die sich leicht drehen läßt. Wenn du weißt, daß ein großer Magnet (die Erde) und ein kleiner (die Nadel) sich stets anziehen, wirst du verstehen, daß sich die Kompaßnadel nach dem Magnetfeld der Erde ausrichtet: Ihr Nordpol zeigt nach Norden, zum magnetischen Nordpol der Erde. Wenn du erst einmal weißt, in welcher Richtung Norden ist, findest du auch die übrigen Himmelsrichtungen schnell heraus: Wenn du nach Norden blickst, hast du links Westen, rechts Osten und hinter dir Süden. Wer den Kompaß erfunden hat, weiß man nicht genau. Vor sehr langer Zeit hängte man aber bereits magnetische Steinchen an einer Schnur auf, die den Seeleuten als eine Art primitiver Kompaß diente.

Was ist ein Mineral?

Man kann sagen, daß alles, was nicht von einem Tier oder einer Pflanze stammt, ein Mineral ist. Minerale kann man in verschiedene Gruppen einteilen. So sind Eisen, Gold und Silber Minerale, die zur Gruppe der Metalle gehören. Andere Gruppen sind Salze, Oxide (Sauerstoffverbindungen) und nichtmetallische Elemente. Die meisten Minerale sind feste Stoffe. Asbest zum Beispiel ist ein festes Mineral. Wasser und Erdöl sind flüssig. Die meisten Minerale sind in der Erdkruste enthalten. Sie werden in Bergwerken zutage gefördert. Minerale, aus denen Metalle gewonnen werden, nennt man Erze. Heute sind etwa 2000 verschiedene Minerale bekannt.

Diese Felssäulen sind Riesenkristalle aus Basalt. Basalt ist ein Mineral vulkanischen Ursprungs.

Was ist ein Edelstein?

Manche Minerale funkeln, denn sie brechen das Licht und werfen es zurück. Einige davon sind sehr selten und deshalb sehr teuer. Diese seltenen Minerale nennt man Edelsteine. Ein Edelstein kann sehr hart und langlebig sein, zum Beispiel der Diamant. Rubin, Saphir, Smaragd und Diamant gehören zu den bekanntesten Edelsteinen. Auch in der Industrie werden Edelsteine verwendet: Diamanten zum Bohren, Saphire in Plattenspielern, Quarze in Uhren. In jedem Fall müssen Edelsteine vor ihrer Verwendung geschliffen werden.

Einigen Edelsteinen wird besondere, manchmal überirdische Kraft nachgesagt. Vom Opal zum Beispiel heißt es, er bringe Unglück.

Was ist ein Halbedelstein?

Minerale, die nicht ganz so schön, hart, dauerhaft und selten wie Edelsteine sind, werden Halbedelsteine genannt. Das ist zwar kein wissenschaftlicher Ausdruck, aber er ist allgemeinverständlich: Man meint damit hübsche Steine, die nicht ganz so hart und so selten sind wie Diamant, Smaragd, Saphir und Rubin. Zu diesen Halbedelsteinen zählen Achat, Amethyst, Onyx, Opal, Topas und viele andere Abarten des Quarz. Quarz ist ein hartes Mineral, das sehr häufig vorkommt und technisch vielfältig verwendet wird. Es ist härter als Stahl und reiner als Glas. Manchmal ist es völlig farblos, es kann aber auch andere Stoffe einschließen. Andere Halbedelsteine sind nicht durchsichtig: Erze und gesteinsbildende Minerale. Dazu könnte man auch die Perlen zählen, sie sind allerdings im Gegensatz zu den „echten" Mineralen organischen Ursprungs.

Die Fotos zeigen Menschen unterschiedlicher Hautfarbe: 1. Europäerin, 2. Indianer der peruanischen Anden, 3. Thai, 4. Papua-Krieger aus Neuguinea, 5. Indonesischer Bauer, 6. Bantu-Mädchen aus Zaire.

Warum haben die Menschen unterschiedliche Hautfarben?

Unsere Haut enthält Farbkörnchen, Pigmente genannt. Alle Menschen haben diese Pigmente, aber nicht in der gleichen Menge. Dunkelhäutige Menschen haben viele Pigmente, hellhäutige weniger.
Die Hautfarbe ist eines der Unterscheidungsmerkmale der verschiedenen Menschenrassen, deren drei Hauptgruppen als *Europide, Mongolide* und *Negride* bezeichnet werden. Menschen mit dunkelbrauner oder schwarzer Hautfarbe, also vor allem die Afrikaner, gehören zu den *Negriden;* Menschen mit gelblicher Hautfarbe, wie Chinesen, Japaner und Indianer, gehören zu den *Mongoliden* und diejenigen mit heller oder weißer Hautfarbe, darunter fallen Europäer, Inder und Araber, zu den *Europiden.*

Wie kommt es, daß Mineralwasser zischt?

Mineralwasser enthält ein ungiftiges, nicht brennbares Gas – die Kohlensäure. Solange die Wasserflasche geschlossen ist und ruhig steht, bleibt das Gas im Wasser. Entfernt man den Verschluß, steigt das Gas, das leichter als Wasser ist, in kleinen Bläschen hoch. Wenn du die Flasche schüttelst, schäumt das Mineralwasser über. Die Bläschen sind wie kleine Ballons: wenn sie platzen, zischt es.

Wie kommt es, daß Eis kühlt?

Wenn du ein Stück Eis anfaßt, empfindest du Kälte. Du glaubst zu spüren, wie die Kälte des Eises in deine Finger kriecht. Aber in Wirklichkeit ist es genau umgekehrt. Die Wärme deiner Finger geht auf das Eis über. Sie bringt etwas Eis zum Schmelzen, es wird zu Wasser. Du kannst das Wasser auf deinen Fingern spüren.

Wenn du einen Eiswürfel in ein Glas Orangensaft wirfst, nimmt das Eis die Wärme des Saftes auf und wird zu Wasser. Das Eisstück wird immer kleiner und der Saft durch das kalte Wasser immer kühler. Eis kühlt die Dinge, indem es ihnen Wärme entzieht.

Weißt du, wie du ein Stück Eis vor schnellem Schmelzen bewahren kannst? Schlage es in eine Decke ein. Das klingt vielleicht dumm, ist aber gar nicht so falsch. Wenn du ein Stück Eis offen liegen läßt, bewegt sich die warme Luft rundherum. Das Eis entzieht der Luft immer mehr Wärme und schmilzt schnell. Aber eine Wolldecke oder eine dicke Zeitung schützen das Eis vor der warmen Luft, und es schmilzt langsamer.

Wie werden Spiegel hergestellt?

Für die Herstellung von Spiegeln verwendet man besonders schweres und reines Glas. Zunächst wird es mit einem Diamanten auf die richtige Größe zurechtgeschnitten und an den Rändern mit Wasser und Sand behandelt. Dann glättet man die Glasoberfläche mit einem speziellen Schleifmittel und poliert sie mit Filz. Nach einer letzten Reinigung wird das Glas auf einen gewärmten Tisch gelegt und mit einer Mischung aus Ammoniak, Weinsäure und Silbernitrat überzogen. Wegen der Wärme bleibt sie haften. Nach dem Trocknen wird die Silberschicht mit einer weiteren Farbschicht überzogen.

Schon seit 700 Jahren stellt man Spiegel aus Glas her. Vorher hatte man polierte Kupfer-, Bronze-, Silber- oder Goldscheiben. Um 1300 entdeckte ein Venezianer, daß man Spiegel aus Glas mit einem Überzug aus Quecksilber und Zinn herstellen konnte. Im Jahre 1691 erfand ein Franzose ein Spezialglas für Spiegel. Schließlich ersetzte man die Quecksilber-Zinn-Schicht durch einen dünnen Silberüberzug, der das Licht besser reflektiert.

Wie entsteht eine Fotografie?

Alle Gegenstände reflektieren Licht oder zerstreuen es. Wenn das von einem Gegenstand zurückgeworfene Licht auf eine lichtempfindliche Schicht fällt,

erzeugt es sein Abbild. Das ist die physikalische Grundlage der Fotografie.
Beim Fotografieren muß man die Kamera so einstellen, daß das Licht in der richtigen Weise auf den Film trifft. Der Verschluß, der sich öffnet, wenn man auf den Auslöser drückt, läßt eine bestimmte Lichtmenge durch die Linse in das Innere der Kamera auf den Film gelangen. Dieses Licht verursacht eine chemische Reaktion der winzigkleinen Silberbromidkristalle, die auf der lichtempfindlichen Schicht des Films gleichmäßig fein verteilt sind. Wenn das letzte Foto gemacht ist, wird der Film aus der Kamera genommen und mit Entwicklerlösung behandelt. Die belichteten Silberbromidkristalle färben sich dabei dunkel. Es erscheint das Negativbild, auf dem man genau die umgekehrten Lichtverhältnisse des fertigen Fotos erkennen kann. Wenn du zum Beispiel deine Mutter im weißen Kleid mit schwarzem Gürtel aufgenommen hast, ist sie auf dem Negativbild im schwarzen Kleid mit weißem Gürtel zu sehen. Von dem fertigen Negativ werden Abzüge auf speziellem Fotopapier hergestellt, die wieder natürliche Lichtverhältnisse zeigen. Anschließend wird der Papierabzug haltbar gemacht, damit er sich nicht mehr verändert. Das ist das fertige Foto, das du aufgenommen hast.

Ein Schwarzweißfilm besteht aus 3 Schichten: 1. Lichtempfindliche Schicht, 2. Schichtträger, 3. Schutzschicht (verhindert Unschärfen).

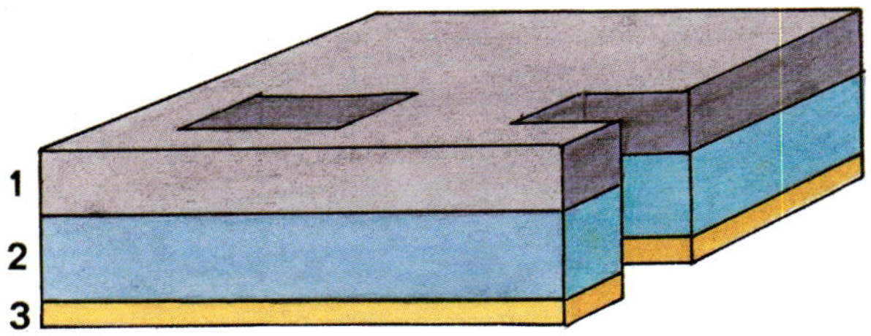

Wie kommt es zu Überschwemmungen?

Ein Fluß wird durch Regen- und Schmelzwasser gespeist. Wenn es längere Zeit stark regnet oder taut, steigt der Wasserstand des Flusses. Manchmal tritt der Fluß dabei über die Ufer: Es kommt zu einer Überschwemmung. Auch am Meer werden nach starken Unwettern oder Sturmfluten die Küstengebiete überflutet. Große Überschwemmungen, wie sie zum Beispiel durch die tropischen Regenfälle in Indien und Bangladesch ausgelöst werden, haben verheerende Folgen: Die Wassermassen verwüsten das Land, zerstören Häuser und reißen Menschen und Tiere mit sich. Die Bevölkerung wird obdachlos, die Ernten werden vernichtet, Seuchen brechen aus. Schutz vor Überschwemmungen bieten Deiche, aber auch Abflußkanäle und Staudämme, die das überschüssige Wasser aufnehmen und später wieder abfließen lassen. Überschwemmungen können dem Menschen aber auch nützen. Das zeigt das Beispiel des Nils, der bis zur Fertigstellung des Assuan-Staudammes jedes Jahr über die Ufer trat und große Mengen fruchtbaren Schlammes auf die Felder schwemmte.

Überschwemmung im Niltal.

Ein Wasserfall am Blauen Nil in Äthiopien.

Wie entsteht ein Wasserfall?

Viele Flüsse haben einen gleichmäßigen Verlauf ohne Hindernisse. Andere aber müssen Gesteinshänge oder Klippen überwinden. An diesen Stellen stürzt das Wasser senkrecht herab – so entsteht ein Wasserfall. Wenn das Wasser über eine Reihe von Stufen herabschießt, spricht man von einer Kaskade.
Wasserfälle haben wirtschaftlich eine große Bedeutung: Mit der Kraft der herabstürzenden Wassermassen kann man Turbinen antreiben und auf diese Weise Elektrizität erzeugen. Solche Anlagen nennt man Wasserkraftwerke.
Die Felsstufen und Gesteinsabhänge in einem Wasserlauf können ganz unterschiedlichen Ursprungs sein. Manche sind durch Bewegungen der Erdkruste entstanden, durch Umschichtungen oder Verwerfungen, andere durch Gletscherverschiebungen in der Eiszeit. Sehr berühmt sind die Niagarafälle an der Grenze zwischen den USA und Kanada; einer von ihnen hat die Form eines Hufeisens. Das Wasser dort hat mit seiner gewaltigen Kraft innerhalb von 300 Jahren einen halben Kilometer Felsgestein ausgewaschen.
Weitere berühmte Wasserfälle sind die Victoriafälle des Sambesi in Afrika, die Iguassùfälle an der Grenze von Argentinien, Brasilien und Paraguay und der Angel-Fall in Venezuela, der 1935 vom Flugzeug aus entdeckt wurde.

Durch die Ohrmuschel gelangen Schallwellen in den Gehörgang und versetzen das Trommelfell in Schwingungen, die sich auf die drei Gehörknöchelchen (Hammer, Amboß, Steigbügel) übertragen. Durch das ovale Fenster und die Flüssigkeit im Innern der Schnecke wird das Cortische Organ, das eigentliche Gehörorgan, zum Schwingen gebracht. Von dort werden die Schwingungen über den Gehörnerv zum Gehirn weitergeleitet.

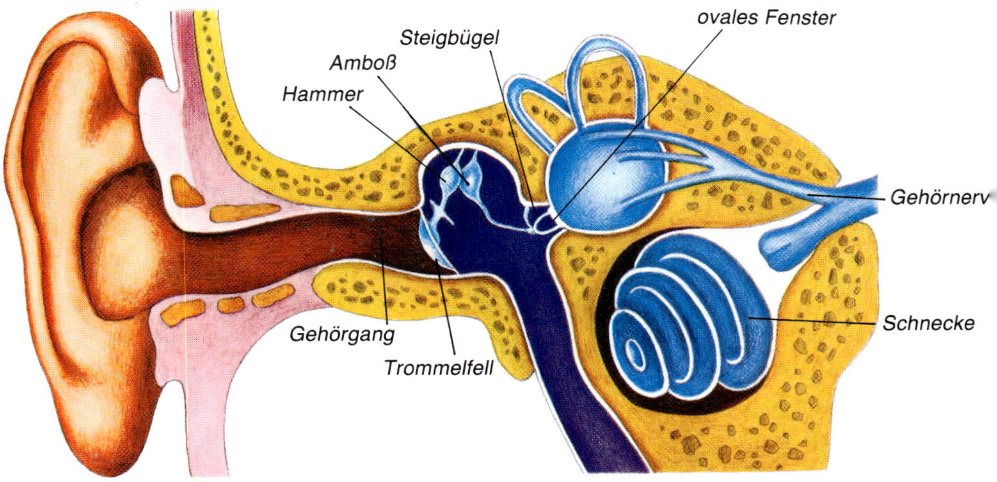

Wie können wir hören?

Schlage einmal gegen einen straff gespannten Faden: Er wird hin- und herschwingen. Und wie ist es zu erklären, daß er dabei ein leichtes Geräusch verursacht? Die sichtbaren Schwingungen des Fadens übertragen sich auf die Luft und versetzen sie in unsichtbare Schwingungen: Das sind die Schallwellen. Sind die Schwingungen schnell, ist der Ton hoch; sind sie langsamer, dann ist der Ton tiefer.

Wir empfangen die Schallwellen zunächst über die Ohrmuschel, dann gelangen sie zum Trommelfell. Auch das Trommelfell wird in Schwingungen versetzt und überträgt diese auf drei zarte Knöchelchen im Mittelohr, die sich direkt ans Trommelfell anschließen: zunächst auf den „Hammer", dann auf den „Amboß" und schließlich den „Steigbügel". Diese Knöchelchen wiederum übertragen die Schwingungen auf das schneckenförmige Innenohr, wo sich zahllose Zellen mit winzigen Härchen befinden. Die Härchen geben die Vibrationen zum Hörnerv weiter, und der „meldet" sie dem Gehirn. In diesem Moment hören wir den Ton: Wir nehmen die Schwingungen als Ton wahr.

Woher weiß der Meteorologe, wann es regnen wird?

Ein Meteorologe allein kann nicht genau vorhersagen, wann es regnen wird. Er braucht dazu die Meldungen anderer Meteorologen. Und er braucht Instrumente, mit denen man Luftdruck, Luftfeuchtigkeit, Windstärke, Windrichtung, Wolkenverteilung und viele andere Dinge feststellen kann.

Täglich lesen Meteorologen in Wetterstationen überall in der Welt auf ihren Instrumenten die Messungen ab und schicken sie an die Wetterdienste. Hier werden ihre Angaben auf Wetterkarten übertragen. Auf ihnen stellen die Meteorologen fest, ob es regnen wird, ob Sonnenschein zu erwarten ist oder Sturm.

Außer den Beobachtungen der Wetterstationen werden auch die Messungen von Wettersatelliten verarbeitet. Sie ermitteln Luftdruck, Temperatur, Luftfeuchtigkeit und andere Erscheinungen in großer Höhe und funken die Ergebnisse zur Erde.

Was wird aus dem Holz, wenn es verbrennt?

Du legst ein großes Stück Holz ins Feuer, und nach kurzer Zeit ist nur noch ein kleines Häufchen Asche übrig. Wo ist das restliche Holz geblieben? Es ist durch den Schornstein abgezogen. Du kannst das an dem Rauch beobachten, der aus den Schornsteinen aufsteigt. Aber Feuer brennt auch ohne viel Rauch, besonders wenn das Holz sehr trocken ist. Wenn du Luft auf rotglühendes Holz bläst, verbrennt es rasch. Die Luft und das heiße Holz verwandeln sich zusammen in unsichtbare Gase. Diese Gase sind so leicht, daß sie durch den Schornstein nach oben steigen und nach draußen entweichen.

Wie kann ein Hubschrauber senkrecht hochsteigen?

Ein Hubschrauber hat keine festen Tragflächen, sondern einen Drehflügel, Rotor genannt, der über seinem Rumpf kreist. Der Rotor hat dieselbe Wirkung wie die Tragflächen eines Flugzeuges – er hebt den Hubschrauber fast senkrecht in die Luft und läßt ihn fliegen.

Ein Flugzeug muß beim Start Geschwindigkeit entwickeln. Es rollt immer schneller über die Startbahn, bis die Tragflächen die Maschine vom Boden heben. (Wie das geschieht, kannst du auf Seite 71 nachlesen). Auch der Rotor, der sich dreht, während der Rumpf stillsteht, muß sich schneller und schneller drehen, bis er die Maschine hochziehen kann.

Durch die Kraft seines Drehflügels kann ein Hubschrauber fast senkrecht aufsteigen.

Werden Pfeil und Bogen noch heute benutzt?

Der Mensch unterscheidet sich vom Tier unter anderem dadurch, daß er Werkzeug gebraucht. Die ersten primitiven Werkzeuge waren vermutlich dicke Knüppel und Stöcke, mit denen die Urmenschen Tiere erlegten. Später begann der Mensch, Werkzeug aus Stein herzustellen; so entstanden die ersten Faustkeile und Äxte. Schließlich hatte jemand die Idee, einen spitzen Stein am Ende eines langen Stockes zu befestigen: Das war die erste Lanze. Sie hatte einen enormen Vorteil für die Jäger: Nun mußten sie nicht mehr so nahe an die Beutetiere heranschleichen, um sie zu erlegen. Wer eine Lanze baut, will sie weit wegschleudern; das ist mit Hilfe eines Bogens möglich. Als Bogen diente ein biegsamer Stock, der von einer gedrehten Sehne gespannt wurde.

Anfangs gebrauchte der Mensch Pfeil und Bogen nur zur Jagd. Später wurden es gefürchtete Kriegswaffen. Manche Naturvölker benutzen sie heute noch, einige vergiften sogar die Spitzen ihrer Pfeile.

Links: Diese Papua-Krieger jagen noch immer mit Pfeil und Bogen. Bei Stammeskämpfen wird der Bogen zur tödlichen Waffe. Auf dem Bild sind die messerscharfen Pfeilspitzen deutlich zu erkennen.

Warum wird Milch pasteurisiert?

Um Milch zu pasteurisieren, erhitzt man sie eine halbe Stunde lang auf etwa 65°C. Auf diese Weise tötet man die Mikroben ab, die aus der Luft in die Milch eindringen und uns krank machen können. Der Vorgang ist nach dem französischen Wissenschaftler Pasteur benannt. Er entdeckte als erster, wie man Mikroben durch Erhitzen abtötet und dadurch Lebensmittel haltbar machen kann.

Warum müssen wir Wasser ins Aquarium nachgießen?

Mehrmals in der Woche müssen wir im Aquarium Wasser nachfüllen. Wir können nicht sehen, wie das Wasser verschwindet, aber es wird weniger, weil es verdunstet: Kleine, unsichtbare Wassertröpfchen entweichen unaufhörlich in die Luft.
Diese winzigen Wassertröpfchen nennt man Moleküle. Sie sind ständig in Bewegung. Selbst wenn das Wasser vollkommen ruhig aussieht, stoßen und prallen sie gegeneinander. Dabei werden einige in die Luft geschleudert: So verdunstet das Wasser. Es sind zwar immer nur wenige Moleküle, die zur gleichen Zeit wegspringen, aber wenn wir unser Aquarium längere Zeit vergessen, ist das ganze Wasser verdunstet. Wenn Wasser erhitzt wird, prallen die Moleküle immer schneller aufeinander. Aus einem kochendheißen Topf springen sie so schnell, daß er im Nu leer und trocken ist. Wäsche trocknet bei warmem Wetter schneller als bei kaltem, weil die Wassermoleküle schneller in die warme Luft aufsteigen.

Woher wissen wir, welche Nahrung für uns gut ist?

Vor langer Zeit mußte der französische Entdecker Cartier einen Winter auf seinem Schiff zubringen, das im Eis des Sankt-Lorenz-Stromes eingeschlossen war. Er hatte genügend Nahrungsmittel an Bord, aber viele seiner Leute wurden krank. Ein Indianerhäuptling erzählte Cartier, die Seeleute könnten mit einem Trunk, den er aus den Nadeln eines immergrünen Baumes bereitete, wieder gesund werden. Wie durch Zauberei heilte dieser Trunk die Seeleute. Später hatten englische Seefahrer auf ihren langen Reisen dieselbe Krankheit, Skorbut genannt. Sie entdeckten, daß Zitronensaft

Dieser alte Stich zeigt die Begegnung zwischen Jacques Cartier und dem Indianerhäuptling auf dem Sankt-Lorenz-Strom.

sie wieder gesund machte. Zitronen und die immergrünen Nadeln enthalten Vitamin C, das auch in frischen Nahrungsmitteln vorkommt. Die Seeleute erkrankten, weil sie kein frisches Obst und Gemüse auf ihren Schiffen mit sich führten.
Wie diese Seeleute haben die Menschen überall in der Welt durch Versuche und auch Fehler erfahren, welche Nahrung ihr Körper braucht, um gesund zu bleiben. Heute gibt es Ernährungswissenschaftler. Sie beobachten Menschen und Tiere, stellen Versuche mit Nahrungsmitteln und chemischen Stoffen an. So lernen sie immer mehr, was unser Körper braucht und welche Nahrungsmittel für uns am besten geeignet sind.

Wie können wir sehen?

Man kann das menschliche Auge mit einer komplizierten Kamera vergleichen. Es ist wie ein fast runder Ball geformt (daher der ,,Augapfel"), von dem wir nur die Vorderseite sehen können. Das Auge hat – genau wie ein Fotoapparat – eine Linse. Wenn wir uns etwas ansehen wollen, richten wir die Linse auf diesen Gegenstand. Die Lichtstrahlen fallen dann durch die Linse auf die Netzhaut. Das ist die lichtempfindliche innere Schicht des Augapfels. Sie besteht aus Nervenfasern und Nervenzellen, durch die das Bild an den Sehnerv und von dort an das Gehirn weitergegeben wird. Auf diese Weise sehen wir. Vor der Linse liegt die Iris, auch Regenbogenhaut genannt. Sie ist nicht nur der farbige Kreis in deinen Augen, sondern kann sich auch – wie die Blende beim Fotoapparat – öffnen und schließen. Wir könnten sonst nicht deutlich sehen. Bei hellem Sonnenschein zieht sich die Iris fast völlig zusammen. Die Pupille, das schwarze Loch in der Mitte, wird ganz klein. Im Dunkeln dagegen öffnet sie sich so weit wie möglich.

Das menschliche Auge

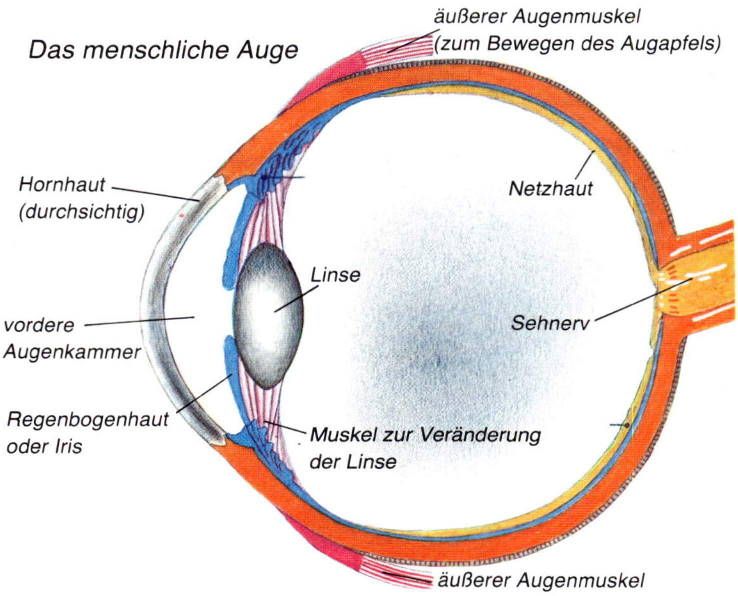

Warum können wir Menschen nicht fliegen?

Es ist ein uralter Traum des Menschen, wie ein Vogel fliegen zu können. Schon die griechische Mythologie erzählt von Dädalus und Ikarus, die sich Flügel aus Federn und Wachs bauten. Ikarus kam der Sonne zu nahe, das Wachs, das die Flügel zusammenhielt, schmolz, und er stürzte in die Tiefe. Der Sage nach soll Dädalus noch weiter geflogen sein, aber das ist wenig wahrscheinlich. Bis zum heutigen Tag ist es noch keinem gelungen, allein mit Flügeln zu fliegen. Unsere Muskulatur ist nicht kräftig genug, um unser Körpergewicht in der Luft zu halten. Selbst der Vogel Strauß kann nicht fliegen, obwohl er ein Vogel ist und Flügel hat. Sie sind zu klein, um sein Gewicht zu halten.

Woran erkennt man das Alter eines Baumes?

Um das Alter eines Baumes bestimmen zu können, muß man zuerst wissen, wie Bäume eigentlich wachsen. Jahr für Jahr bildet sich in der Mitte des Baumstammes neues Holz, so daß dieser allmählich immer dicker wird. An der Dicke des Baumstammes und der Höhe des Baumes allein kann man aber noch nicht sein Alter erkennen. Erst wenn ein Baum gefällt wird, sieht man auf der Schnittfläche des Stammes helle und dunkle Kreise: Das sind die Jahresringe. Die helleren Ringe sind breiter, weil sie sich im Frühjahr bilden, wenn der Baum am meisten wächst. Die dunklen Ringe entstehen gegen Ende des Sommers und sind daher dünner. Ein heller und ein dunkler Ring zusammen bedeuten also ein Jahr. Wenn du das Alter eines Baumes feststellen willst, brauchst du nur die dunklen Jahresringe zu zählen. Bäume können sehr alt werden: Manche Pinien leben mehrere hundert Jahre; die Sequoia, ein in Nordamerika heimischer Riesenbaum, wird sogar bis zu 4000 Jahre alt!

Als diese Tanne gefällt wurde, war sie 40 Jahre alt. Für einen Baum ist das kein hohes Alter. Die einzelnen Jahresringe sind deutlich zu erkennen.

Warum kann Bimsstein auf dem Wasser schwimmen?

Bei dem Wort „Stein“ denkt man immer an etwas Schweres, das untergeht, sobald man es ins Wasser wirft. Bimsstein dagegen kann schwimmen! Er besteht nämlich nur zu einem kleinen Teil aus Stein und zu einem großen Teil aus Luft. Wie kommt das? Bei Vulkanausbrüchen wird ein heißer Schlammbrei, die Lava, hoch in die Luft geschleudert; gleichzeitig entweichen Gase aus dem Vulkan, die diese Lavamasse aufblähen, so daß ein Schaum entsteht. Der Schaum wird an der Luft sehr schnell hart – das ist Bimsstein. Schau ihn dir einmal genau an: Die vielen Löcher und Öffnungen hat das Gas gemacht; man sagt, der Stein ist porös.

Bimsstein ist eine Art erhärteter Lavaschaum aus einem Vulkan.

Wie wird Kaugummi gemacht?

Kaugummi wird aus dem Saft der Sapotillbäume hergestellt, die in den Urwäldern Mittelamerikas wachsen. Arbeiter steigen in die Bäume und ritzen die Stämme ein. Bald darauf beginnt der milchig-weiße Saft herauszusickern und an den Einschnitten entlang in bereitstehende Eimer zu tropfen.
Der Saft wird dann über einem Feuer in großen Töpfen eingekocht. Wenn er zäh und gummiartig ist, läßt man ihn abkühlen und formt ihn zu großen Brocken. Auf dem Rücken von Mauleseln wird er zum Hafen an der Küste und dann mit dem Schiff in eine Kaugummifabrik in Amerika transportiert.
Dort wird das Gummi nochmals gekocht. Spezialmaschinen rühren und kneten den Teig und mischen Zucker und Aromastoffe bei. Schließlich wird er ausgerollt und in die kleinen Stücke zerschnitten, die du kaufen kannst.

Wie wird Glas gemacht?

Glas wird aus reinem weißen Sand hergestellt, dem man Kalk und Soda beifügt. Diese Stoffe werden im Schmelzofen in großen Wannen bei enormer Hitze zu einer zähflüssigen Masse geschmolzen.
Aus dieser Glasschmelze werden die verschiedensten Dinge geformt. Für Fensterglas sprüht man die flüssige Masse durch eine breite Düse über eine Art Förderband, wo es zwischen zwei Walzen zu einem breiten Band gezogen wird, das nach dem Abkühlen zerschnitten und poliert wird. Gläser werden mit der Glasbläserpfeife geformt. Milch- oder Bierflaschen stellt man heute mit Maschinen her, die täglich viele tausend Stück fertigen.
Das Sicherheitsglas für Autos besteht aus zwei Scheiben mit einer Kunststoffschicht dazwischen; sie verhindert, daß das Glas bei einem Unfall zersplittert.
Fiberglas besteht aus feinen Glasfäden, die man miteinander verwebt. Es ist sehr leicht, widerstandsfähig und brennt nicht. So fertigt man daraus zum Beispiel Vorhänge für Theater oder Schiffe, Isolierungen gegen Kälte und Wärme und vieles mehr.

Geschmolzenes Glas ist formbar.

Wer hat die Schreibmaschine erfunden?

Die erste Schreibmaschine wurde 1724 von dem britischen Ingenieur Henry Mill zum Patent angemeldet. Den ältesten noch erhaltenen Brief in Maschinenschrift schrieb der Amerikaner William Burt 1830 auf seiner selbstgebauten Maschine. Schließlich entwickelten die Amerikaner Ch. Sholes, S. Soule und C. Glidden einen Apparat, der der Vorläufer unserer heutigen Schreibmaschine wurde und den die Firma Remington ab 1873 fabrikmäßig herstellte. Heute gibt es tragbare, elektrische und bald sogar elektronische Schreibmaschinen.

Wie wird Papier hergestellt?

Das meiste Papier wird aus Holz hergestellt. Die gefällten Baumstämme werden in die Fabrik, die Papiermühle, gebracht. Dort wird zunächst die Rinde entfernt. Die Stämme werden zersägt und in einem großen Behälter geschüttelt, damit sich die Rinde löst. Die entrindeten Blöcke werden in großen Hackmaschinen zu Fasern zerkleinert. Die Fasern kocht man in großen Bottichen und vermischt sie mit Leim und anderen chemischen Stoffen.

Dieser Faserbrei wird mit Wasser verdünnt und auf einem Sieb in der großen Papiermaschine nach allen Richtungen geschüttelt. Dabei verfilzen die Fasern zu einer dünnen, gleichmäßigen Masse. Für weißes Papier wird noch ein Bleichmittel hinzugefügt. Zum Trocknen durchläuft der Faserfilz verschiedene Walzen. Dann wird er geglättet und schließlich auf große Rollen aufgerollt.

Für viele Papiersorten werden außer Holz noch andere Grundstoffe gebraucht. Häufig werden zerkleinerte Lumpen und Altpapier bei der Herstellung verwendet. Spezialpapier wie zum Beispiel Banknoten und Filter enthalten einen hohen Anteil an Lumpen; Packpapier wird aus Altpapier hergestellt.

Vor der Erfindung des Papiers schrieben die alten Ägypter auf Papyrus, den sie aus einer Pflanze, der Papyrusstaude, gewannen. Von den Stengeln wurde die Rinde entfernt und das Mark in dünne Streifen geschnitten, die über Kreuz auf einen Stein geschichtet und mit einem Schlegel gehämmert wurden. Durch den zähen Pflanzensaft klebten sie zusammen. Dann wurde das Blatt geglättet.

Ein anderes altes Schreibmaterial war Pergament. Es wurde aus geschabten und getrockneten Schaf- und Ziegenhäuten gewonnen. Das feinste Pergament wurde aus den Häuten von Kälbern hergestellt, die noch keine sechs Wochen alt waren.

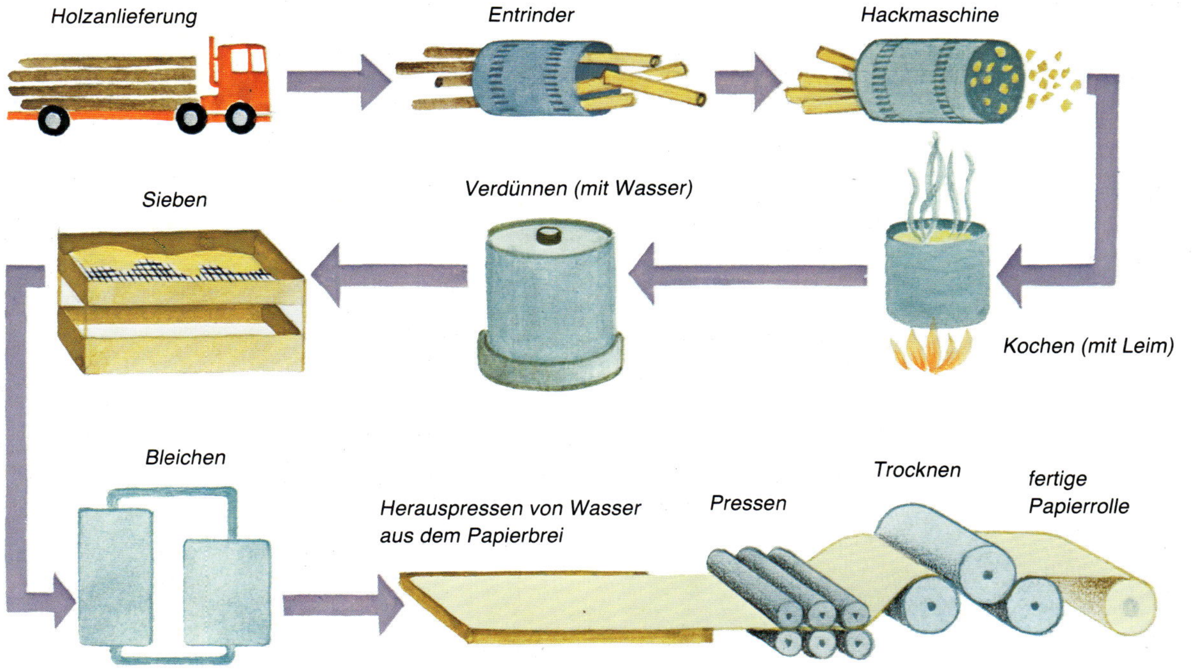

Woher kommt unsere Energie?

Um gehen, laufen, spielen zu können, brauchen wir Energie – Energie von der Sonne. Diese nehmen wir auch über unsere Nahrung auf: Obst und Gemüse haben während ihres Wachstums an der Sonne Energie „getankt"; Milch, Eier und Fleisch liefern uns die Tiere, die mit dem Pflanzenfutter ebenfalls Energie aufnahmen. Energiequelle für alles Leben ist also die Sonne.

Woher kommt das Erdöl?

Alle Stellen, an denen man heute Erdöl findet, sind einmal von Meer bedeckt gewesen, viele sind es noch immer.

In den Meeren lebten unzählige winzige Pflanzen und Tiere. Als sie abstarben, sanken sie auf den Schlamm des Meeresbodens. Im Laufe von Jahrmillionen legten sich mächtige Schichten von Schlamm und Ton darüber, die allmählich zu festem Gestein wurden. Unter dem Druck der Gesteinsmassen zersetzten sich die Überreste der Lebewesen – es entstand ein Gemisch, das in flüssiger Form Erdöl und in gasförmigem Zustand Erdgas ist.

Auch die Erdkruste veränderte sich viele Male. An einigen Stellen wölbten sich Gebirgsketten auf, während sich anderswo Sprünge und Risse bildeten. Dabei drangen Erdöl und Erdgas in die Poren des Gesteins. Aus diesen Gesteinsschichten wird heute Erdöl und Erdgas gefördert.

Durch die Bewegungen der Erdkruste trat das Erdöl an einigen Stellen von selbst zutage. Das schwarze, zähflüssige Erdöl bildete Seen, sogenannte Asphaltseen. Im Altertum benutzten es die Menschen für Fackeln und Öllampen. Sie dichteten damit auch ihre Holzschiffe ab.

Erst seit etwa hundert Jahren bohrt man nach Erdöl. Unter dem Druck der Gase wird das Erdöl Hunderte von Metern in die Luft geschleudert. Aus anderen Bohrlöchern muß das Öl gepumpt werden. So, wie das Rohöl aus der Erde kommt, ist es

Bohrtürme vor der Küste von Venezuela, einem der wichtigsten ölfördernden Länder.

Bei der Suche nach Erdöl müssen mehrere Erdschichten durchbohrt werden.

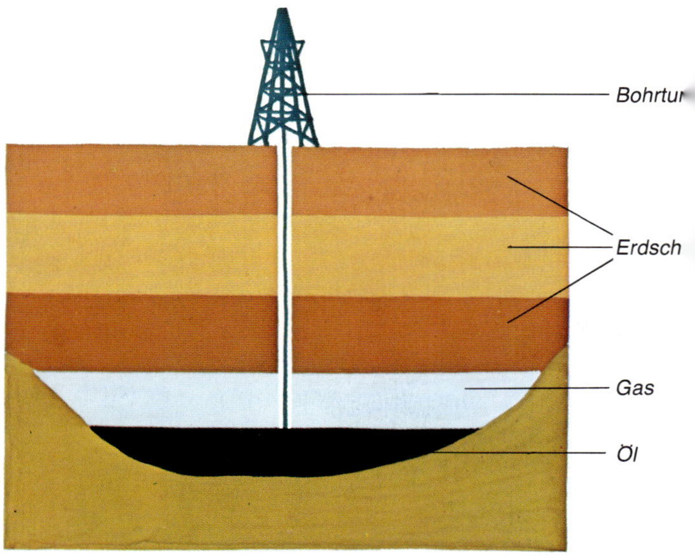

allerdings nur von geringem Nutzen. Es muß raffiniert, das heißt gereinigt und veredelt werden. Dann erst kann es als Heiz- oder Brennstoff oder für andere industrielle Zwecke verwendet werden.

Da Erdöl aber ein sehr kostbarer Rohstoff ist, der auf der Erde nicht unbegrenzt vorhanden sein wird, sucht man heute immer mehr nach anderen Energiequellen.

Warum gibt es Tau?

In der Luft schweben ständig winzige Wasserteilchen, auch wenn wir sie nicht sehen oder spüren können. Völlig trokkene Luft gibt es nicht.

Wenn nachts die Sonne den Boden nicht mehr wärmt, kühlt das Gras schnell ab. Einige der in der Luft enthaltenen Wassertröpfchen kommen an das kühle Gras heran und beginnen auch abzukühlen. Sie bewegen sich immer langsamer und bleiben schließlich am Gras haften. Dort sammeln sie sich zu winzigen Tröpfchen, die man sehen und auch spüren kann: Das sind die Tautropfen.

Dasselbe geschieht, wenn man an einem warmen Tag ein Glas mit eiskaltem Wasser füllt. Die Luft rund um das Glas kühlt sich ab, und es bilden sich Wassertröpfchen auf dem Glas.

Rauhreif ist gefrorener Tau. In sehr kalten Herbstnächten kann der Boden stark abkühlen. Dann gefriert der Tau zu feinen Eiskristallen, die Gräser und Zweige mit einem weißen Schleier überziehen.

Wie entstehen Meereswellen?

Wenn man kräftig in eine wassergefüllte Schüssel bläst, erzeugt man kleine Wellen. Meereswellen entstehen genauso. Sie werden vom Wind verursacht. Aber du hast vielleicht auch an einem windstillen Tag schon Wellen auf dem Meer gesehen. Das sind Wellen, die weit draußen auf dem Meer durch einen Sturm entstanden und als *Dünung* auf die Küste zulaufen. Der Wind drückte auf das Wasser und setzte es in Bewegung. Erst entstanden kleine Wellen, dann immer größere. Je stärker der Wind bläst, desto größer werden die Wellen. Die Wellenbewegung kann sich über Hunderte von Kilometern im Wasser fortsetzen.

Viele Wellen entstehen auch durch Ebbe und Flut. Eine *Flutwelle* aber ist wieder etwas anderes: Diese gewaltigen Wellen werden durch ein Erdbeben oder einen Vulkanausbruch am Meeresgrund verursacht.

Wenn du in eine Schüssel mit Wasser bläst, entstehen Wellen. Dieselbe Wirkung hat der Wind auf dem Meer, nur daß da die Wellen größer sind.

Wie entsteht Hagel?

In einer Gewitterwolke wehen heftige Winde. Sie wirbeln die Regentropfen umher. Manche Regentropfen werden in große Höhen hinaufgeblasen, wo die Luft eiskalt ist. Dort gefrieren sie zu Eiskügelchen. Diese in Eis verwandelten Regentropfen fallen wieder in wärmere Bereiche herab. Hier legt sich eine dünne Schicht von Feuchtigkeit um sie. Dann faßt der Wind sie wieder und wirbelt sie hoch. Die feuchte Schicht gefriert. Wieder fallen die Eiskügelchen, und immer wieder gefriert die Feuchtigkeit um sie herum, so daß sie größer und größer werden. Schließlich sind sie so schwer, daß sie zur Erde fallen: Ein Hagelschauer prasselt nieder!
Hagelkörner sind meist nur erbsengroß, manchmal wachsen sie bis zur Größe von Tennisbällen an. Das bisher größte Hagelkorn fiel in Nebraska. Der Mann, der es fand, wollte nicht als Aufschneider gelten. Er maß in aller Eile „sein" Hagelkorn und unterzeichnete in Gegenwart eines Beamten ein Schriftstück, in dem stand, daß es ein Gewicht von anderthalb Pfund und einen Umfang von 43 cm hatte.

Wer hat den Fallschirm erfunden?

Die erste Zeichnung eines Fallschirms findet sich bereits 1495 bei Leonardo da Vinci. 1616 entwarf der Italiener Fausto Veranzio einen Fallschirm, den er ein Jahr später in Venedig auch erprobt haben soll. 1786 ließ der Franzose Blanchard bei einem Ballonflug über Hamburg einen Hammel an einem Fallschirm auf die Erde niederschweben. Sein Landsmann Garnerin war der erste Mensch, der aus größerer Höhe einen Fallschirmabsprung wagte. 1912 führte der Amerikaner Berry dann zum ersten Mal einen Fallschirmsprung von einem Flugzeug aus.

Mit modernen Fallschirmen kann man sehr genaue Landungen ausführen. Fallschirmspringen ist ein beliebter Sport geworden.

Wie sieht so ein Fallschirm eigentlich aus? An dem halbkugelförmigen Schirm, der aus mehreren zusammengenähten Stoffbahnen aus Seide oder Nylon besteht, sind Fangleinen befestigt. Diese sind wiederum mit Gurten verbunden, die der Fallschirmspringer um seinen Körper schnallt. Hinter dem Leibgurt sitzt wie ein Rucksack eine Hülle, in der die Fangleinen und die zusammengefaltete Fallschirmkappe verpackt sind. Geöffnet wird der Fallschirm entweder automatisch durch die Zugleine, die am Flugzeug befestigt ist und den Fallschirm beim Absprung aus der Packhülle herausreißt, oder durch Handauslösung mit einem Zugring. Wenn der Abspringende an diesem Ring zieht, öffnet sich zuerst ein kleiner Hilfsfallschirm, der sich aufbläht und dadurch den Hauptschirm aus der Packhülle herauszieht.
Fallschirme sind nicht nur zur Rettung bei Flugzeugabstürzen wichtig, sondern auch bei Katastrophen oder im Krieg, um eingeschlossene Menschen mit Medikamenten oder Lebensmitteln zu versorgen.

Die Schwerkraft des herabstürzenden Wassers bringt die Turbinen zum Drehen.

Welche Bedeutung hat die Schwerkraft für uns?

Früher glaubten die Menschen, die Erde sei eine flache Scheibe. Als Gelehrte dann behaupteten, die Erde sei eine Kugel, die sich ständig drehe, wurden sie zuerst ausgelacht, dann als „Ketzer" verfolgt. Niemand konnte sich vorstellen, wie man sich auf einer Kugel halten könnte, noch dazu auf einer, die sich dreht.

Heute weiß jeder, daß es die Anziehungskraft der Erde, die Schwerkraft, ist, die alles auf der Erde festhält, auch die viele tausend Meter hohe Luftschicht, die den Erdball umgibt. Der Stein, den wir aufheben, fällt herunter, sobald wir ihn loslassen. Der Ball, den wir in die Luft werfen, fliegt nur deshalb hoch, weil die Kraft, die wir beim Wurf ausüben, stärker ist als die Schwerkraft der Erde; nach einiger Zeit fällt der Ball wieder herunter. Unser eigenes Gewicht und das jedes Gegenstandes wird durch die Anziehungskraft der Erde bestimmt.

Wäre das Leben nicht leichter für uns, wenn die Erde eine geringere Anziehungskraft hätte? Ganz und gar nicht. Unsere Muskeln haben sich deshalb so stark entwickelt, weil sie ständig der Schwerkraft entgegenwirken müssen – wenn wir aufstehen, Treppen steigen und Tag für Tag hundert Dinge tragen und heben. Unsere Herzmuskeln sind so kräftig, weil sie in jeder Minute fünf Liter Blut durch unseren Körper pumpen müssen, damit wir all diese Arbeit leisten können. Wäre die Schwerkraft geringer, dann wären zwar alle Dinge leichter, wir hätten aber auch schwächere Muskeln und müßten uns genauso anstrengen wie jetzt, um zum Beispiel einen Stein aufzuheben. Was aber noch wichtiger ist: Wenn die Schwerkraft der Erde geringer wäre, könnte sie die Lufthülle nicht festhalten, und wir hätten keinen Sauerstoff zum Atmen! Deswegen gibt es auch kein Leben auf dem Mond: Die Anziehungskraft des Mondes ist zu gering, um eine Lufthülle halten zu können.

Die Technik nutzt die Schwerkraft der Erde, um damit Strom zu erzeugen. Im Bild oben treiben herabstürzende Wassermassen die Schaufelräder der Turbinen eines Wasserkraftwerkes an.

Gibt es Gold im Meer?

Das Meer enthält mehr Gold als irgendeine andere Lagerstätte der Welt. In jedem Kubikkilometer Meerwasser befindet sich nach Schätzungen der Wissenschaftler Gold im Werte von 90 Millionen Mark. (Für einen Kubikkilometer Wasser brauchtest du einen Behälter, der 1 km breit, 1 km lang und 1 km hoch ist.) Aber noch ist niemand durch das Gold aus dem Wasser reich geworden. Die Kosten für die Gewinnung dieses Goldes sind um vieles höher, als das Gold selbst wert ist. Es ist also vernünftiger, im Meer nach eßbaren Dingen zu fischen!

Wie entstehen Töne?

Töne *hören* wir, aber du kannst auch *sehen,* wie ein Ton entsteht, wenn du eine Spielzeugtrommel, ein Tamburin oder etwas Ähnliches hast. Streue ein paar Brotkrumen auf die Trommel und schlage einmal sanft darauf. Du hörst einen leisen Ton und siehst, daß die Krumen ein wenig tanzen. Wenn du die Trommel kräftiger schlägst, hörst du einen lauteren Ton, und die Krumen springen höher. Der Ton und das Springen der Krumen werden dadurch hervorgerufen, daß das Fell der Trommel sehr schnell auf- und abschwingt; man sagt: es vibriert.
Wie haben nun deine Ohren dieses Vibrieren wahrgenommen? Über die Luft, denn um deinen Körper und um die Trommel herum ist ja überall Luft. Wenn die Trommeloberfläche vibriert, gerät die Luft in Bewegung, und es entstehen viele kleine Wellen, Schallwellen genannt. Sie breiten sich von der Trommel nach allen Richtungen aus und erreichen dein Ohr.
Im Ohr hast du auch ein Trommelfell. So wird das kleine Stück Haut genannt, das sich straff über die Öffnung des Gehörgangs spannt. Dieses Trommelfell vibriert, wenn Schallwellen darauf treffen, und teilt dir über dein Gehirn mit, daß ein Ton erzeugt wurde. Wie das in deinem Ohr genau vor sich geht, kannst du auf Seite 98 nachlesen.

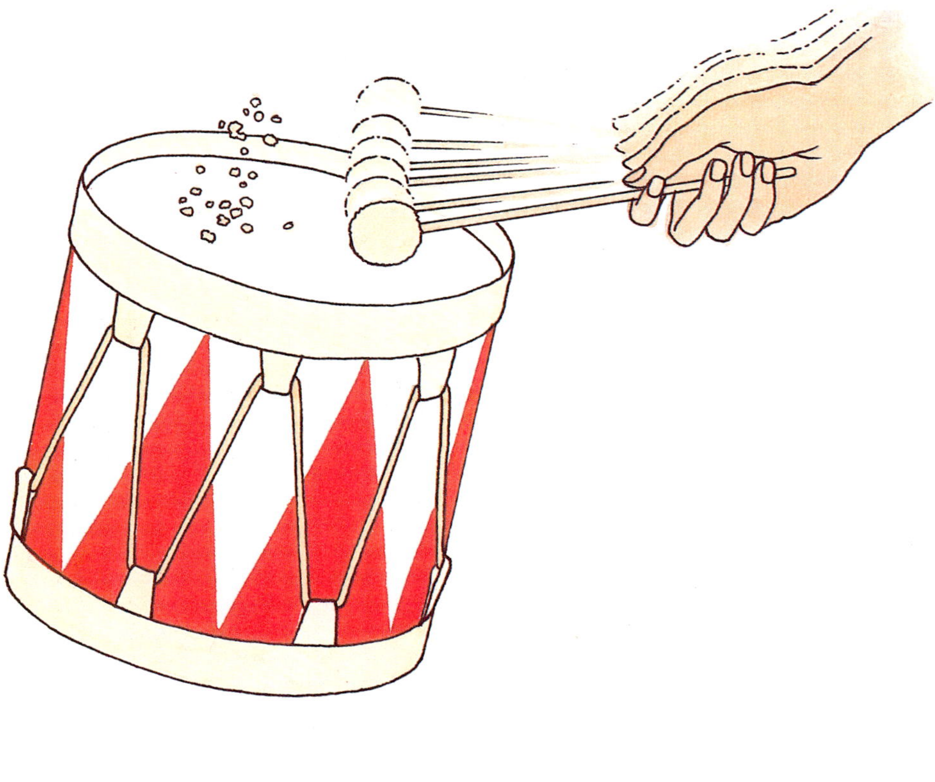

Woher kommt der Kaffee?

Die Möglichkeit, ein anregendes Getränk aus gerösteten Kaffeebohnen zu bereiten, wurde wahrscheinlich zuerst in Äthiopien entdeckt. Durch die Türkenkriege kam der Kaffee Anfang des 17. Jahrhunderts auch nach Europa.

Heute bekommen wir unseren Kaffee vor allem aus Südamerika, aber auch aus Afrika und Asien. Er wächst dort auf Kaffeeplantagen an kleinen Sträuchern, den Kaffeebäumen. Ihre Früchte, die Kaffeekirschen, sind zuerst rot, später violett oder schwarz gefärbt. Im Innern liegen zwei auf einer Seite abgeflachte Samen, die Kaffeebohnen. Die Kaffeekirschen werden meist mit der Hand geerntet und dann an der Sonne getrocknet. Danach werden die Schalen entfernt. Nun folgt ein sehr wichtiger Vorgang: das Rösten der Kaffeebohnen. Das Aroma des Kaffees entwickelt sich nämlich erst, wenn er bei 200–250° geröstet wird. Röstet man die Kaffeebohnen zu kurz, sind sie noch roh und lassen sich nur schwer mahlen. Röstet man sie dagegen zu stark, schmeckt der Kaffee bitter und wie angebrannt. Ein guter Kaffeeröster weiß genau, wie lange er die Bohnen rösten muß, damit sie den richtigen Geschmack bekommen.

In diesen Früchten reifen die Kaffeebohnen.

Woher kommt der Tee?

Die Chinesen tranken Tee schon im 4. Jahrhundert n. Chr. Man vermutet, daß sie den Teestrauch aus Indien einführten. Die Europäer lernten dieses Getränk über arabische Händler kennen. Im 19. Jahrhundert legten die Briten und die Niederländer riesige Teeplantagen in Indonesien und auf Sri Lanka (damals Ceylon) an. Der Teestrauch ist eine niedrige, immergrüne Pflanze. In den Hügellandschaften der Tropen, wo Trockenheit und Feuchtigkeit einander abwechseln, gedeiht er besonders gut. Vor allem häufige Niederschläge sind wichtig. Die erste Ernte ist frühestens nach drei Jahren möglich, dafür kann man bei manchen Sorten das ganze Jahr über ernten. Die Teeblätter werden in der Fabrik zunächst zum Trocknen auf Spezialgestellen ausgebreitet. Danach werden sie maschinell gerollt und anschließend an einem feuchten Ort in dünnen Schichten ausgelegt. Nun beginnt die sogenannte „Fermentation", ein Gärungsprozeß, bei dem die Teeblätter ihr Aroma und ihre tief dunkelrote Farbe erhalten. „Schwarz" nennt man den Tee nur im Gegensatz zum „Grünen Tee", der nicht fermentiert wird. Nach der Fermentation werden die Teeblätter nochmals ausgebreitet, mit Warmluft getrocknet und in Kisten verpackt. Tee ist ein anregendes Getränk, weil er wie der Kaffee Koffein enthält. Seinen leicht bitteren Geschmack erhält er durch die Gerbsäure.

Kapitel 5

Von Ländern und Völkern

Wozu wurden die Pyramiden erbaut?

Die Ägypter bestatteten ihre Könige, die Pharaonen, auf besondere Weise. Sie bauten riesige Pyramiden mit unzähligen Kammern und Gängen. Wenn ein Pharao oder einer seiner Angehörigen starb, wurde der Körper des Toten mit Ölen einbalsamiert und in Tücher gewickelt, damit er nicht verweste. Dann bahrte man ihn in der Grabkammer auf und legte Nahrungsmittel, Jagdgeräte und kostbaren Schmuck in die übrigen Kammern. Die Ägypter glaubten nämlich, daß ihre Herrscher im Totenreich weiterleben würden. Wie waren sie aber in der Lage, solche gigantischen Bauwerke zu errichten?

Zunächst mußten Steinmetzen riesige Kalksteinblöcke aus Steinbrüchen herausschlagen. Dann wurde das Material zum Bauplatz transportiert: Scharen von Sklaven wuchteten den gewaltigen Klotz auf eine Vorrichtung, die mittels Walzen über den Sand vorwärtsgeschleppt werden konnte. Wenn die Basis der Pyramide fertig war, konstruierte man eine schräge Rampe aus Sand und Lehm, über die man die Steinblöcke nach oben zog. Pyramiden sind nicht nur in Ägypten, sondern zum Beispiel auch in Mittelamerika erbaut worden. Dort waren sie allerdings für die Hohepriester bestimmt.

Die Sphinx und die Pyramiden von Gizeh.

Von dem Tempel, den Herodes einst bauen ließ, ist nur die Klagemauer erhalten geblieben.

Wo steht die Klagemauer?

Die Klagemauer steht in Jerusalem, der Hauptstadt des Staates Israel. Im Jahre 70 n. Chr. wurde die Stadt von den Römern erobert und zerstört. Dabei ging der unter König Herodes erneuerte, prachtvolle Tempel in Flammen auf. Nur eine Mauer blieb erhalten. Die Juden versammelten sich jeden Freitag an der Mauer und beweinten die Zerstörung ihrer Stadt. Sie legten sich am Fuße der Mauer nieder oder berührten die großen, rechteckigen Steinblöcke mit den Händen. Ihre Klagelaute beherrschten die ganze Stadt. So erhielt die Klagemauer ihren Namen. Heute ist die Mauer zu einem Wallfahrtsort für die Juden aus aller Welt geworden, die dorthin pilgern, um zu trauern und zu beten.

Ist das Tote Meer wirklich tot?

Das Tote Meer liegt im Nahen Osten, an der Grenze zwischen Jordanien und Israel. Im Grunde ist es eher ein riesiger See von fast 80 km Länge. Die Wasseroberfläche liegt 394 m unter dem Meeresspiegel und ist damit der niedrigste Punkt der Erdoberfläche.

Der Name „Totes Meer“ hat durchaus seinen Grund: Das Wasser ist nämlich so salzig, daß weder Pflanzen noch Tiere darin leben können. Wegen der großen Hitze in dieser Gegend verdunstet das Wasser nämlich besonders stark. Aus diesem Grund ist der Salzgehalt im Toten Meer mindestens sechsmal so hoch wie in der Nordsee. Und da Salz sehr gut trägt, kann man im Toten Meer auf dem Wasser treiben, ohne zu schwimmen!

Was ist eine Kathedrale?

Jeder katholische Erzbischof hat eine Hauptkirche: In Frankreich, England und Spanien nennt man sie Kathedrale, in Deutschland und Italien Dom. Die meisten Kathedralen wurden im Mittelalter gebaut. Aber es gibt auch einige – zum Beispiel die Kathedrale von Brasilia –, die erst in den letzten Jahrzehnten errichtet wurden. Zu den schönsten Kathedralen der Welt gehören die von Reims, Chartres, Paris, Orléans, London, Köln, Mailand, Antwerpen und Utrecht.

Die Kathedrale von Antwerpen.

Wer erbaute das Tadsch Mahal?

Das Tadsch Mahal ist das prächtigste Mausoleum (Grabmal), das je gebaut wurde. Es steht bei Agra, einer großen Stadt in Nordindien. Im 17. Jahrhundert ließ der Kaiser von Indien, Schahdschahan, dieses Grabmal für seine Gemahlin Ardschumand Banu Begam errichten, die bei der Geburt ihres 14. Kindes gestorben war. Die Baumeister, zwei Brüder, holten für dieses Werk auch viele Künstler aus dem Ausland herbei. Das Tadsch Mahal ist ganz aus weißem Marmor. 20 000 Arbeiter brauchten 22 Jahre zu seiner Vollendung! Um ins Innere zu gelangen, überquert man zuerst den großen Kuppelsaal, der ganz mit Edelsteinen ausgelegt ist. Vor dem Tadsch Mahal erstreckt sich ein riesiges Wasserbecken, in dem sich das Gebäude widerspiegelt.

Das Tadsch Mahal.

Zwei junge buddhistische Mönche.

Was sind Bonzen?

Bonzen sind buddhistische Priester; sie verkünden die Lehre vom Buddhismus und halten die Zeremonien in den Tempeln Buddhas ab. In Asien gibt es etwa 180 Millionen Anhänger des Buddhismus. Buddha lehrte die Menschen, daß sie nur glücklich sein könnten, wenn sie sich von ihrem Besitz freimachten. Denn wenn man etwas besitzt, kann man es auch verlieren, und der Gedanke daran macht traurig und unglücklich.
In vielen asiatischen Ländern müssen die jungen Männer einige Jahre als Mönche im Kloster verbringen. Dort lernen sie, nach der Lehre und den Geboten Buddhas zu leben.

Was ist die Taiga?

Im Nordosten Europas und Asiens erstreckt sich ein riesiges Gebiet von Nadelholzwäldern, Seen und Mooren: die Taiga. Die sibirische Taiga ist das größte Waldgebiet der Welt mit rund acht Millionen km^2. Sie ist das Übergangsgebiet zwischen der baumlosen Tundra und der fruchtbareren Steppe. Aber auch in der Taiga wachsen nur Bäume, die ein rauhes, kaltes Klima vertragen: Nadelbäume wie Lärchen, Fichten und Kiefern, in der Nähe von Wasserläufen auch manche Pappelarten, Weiden und Birken. Diese Wälder liefern jährlich Hunderte von Kubikmetern Holz und Produkte wie Harz und Terpentin. Im Sommer werden in der Taiga Pelztiere gejagt. Der Winter dauert sechs bis acht Monate – eine harte, düstere Zeit. Für die meisten Tiere ist es dann zu kalt. Die Insekten sterben, die Vögel ziehen in wärmere Gegenden, und viele Säugetiere halten Winterschlaf.

Der Urwald am Rande des Amazonas in Brasilien.

Was ist ein Urwald?

Ein Urwald ist ein üppiger, schwer zu durchdringender Wald, der vom Menschen nicht beeinflußt und nicht bewirtschaftet ist. Am berühmtesten sind die immergrünen tropischen Regenwälder mit hochwachsenden Bäumen, dichtem Buschwerk, Schling- und Kletterpflanzen. Ein dichtes Blätterdach läßt nur wenig Licht durchdringen, so daß es meist recht dunkel ist. In den tropischen Urwäldern leben unzählige Arten von Affen, Vögeln und Schlangen, in Afrika und Asien auch Elefanten.

In Europa gibt es fast keine Urwälder mehr, weil der Mensch überall ganze Gebiete gerodet oder aus wirtschaftlichen Überlegungen neue Wälder angepflanzt hat.

Welche ist die Stadt der 1000 Tempel?

Bangkok, die Hauptstadt Thailands, wird häufig auch die „Stadt der 1000 Tempel" genannt. Sie ist auf den Lagunen des Flusses Menam erbaut, und ein großer Teil der Bevölkerung wohnt in Booten oder in Häusern, die auf Pfählen errichtet sind. Der Fluß ist auch für Verkehr und Handel der Stadt sehr wichtig; berühmt ist der „schwimmende Markt". Der Menam ist stark verzweigt, und die zahlreichen Entwässerungskanäle der Stadt sind ebenso malerisch wie die Kanäle von Venedig. Im alten Stadtkern von Bangkok gibt es viele Paläste, Gärten, Pagoden und Tempel – daher der Beiname der Stadt.

Woher kommen die Zigeuner?

Zigeuner sind Angehörige eines Volkes, das über die ganze Welt verstreut lebt. Ursprünglich stammten sie aus Indien, vor rund 1000 Jahren kamen die ersten nach Europa. Der Name Zigeuner (französich *tsigane,* italienisch *zingaro*) hat sich aus dem byzantinischen Wort *atsinganoi* entwickelt. Sie selbst nennen sich *Roma,* das bedeutet „Menschen".

Zu Beginn des 15. Jahrhunderts kamen die ersten Zigeunergruppen nach Westeuropa. Das englische Wort *gipsy* ist von *Ägypten* abgeleitet, die Zigeuner behaupteten nämlich, sie kämen aus diesem Land. Da die meisten Europäer für die anderen Lebensgewohnheiten dieser Menschen, ihre fremde Sprache und ihr Aussehen wenig Verständnis hatten, begann man schon bald, sie zu vertreiben und zu verfolgen. Im 2. Weltkrieg wurden sie von den Nationalsozialisten, ebenso wie die Juden, zu Hunderttausenden getötet.

Die verschiedenen Zigeunergruppen der einzelnen Länder haben traditionelle Berufe, mit denen sie ihren Lebensunterhalt verdienen: früher hauptsächlich als Kupferschmiede, Siebmacher und Pferdehändler, heute eher als Gebrauchtwagenhändler, Musiker und Wahrsager. In vielen Ländern weist man den Zigeunern bestimmte Gebiete zu, wo sie sich mit ihren Wohnwagen aufhalten können.

Viele Zigeuner leben in Wohnwagen.

Viele von ihnen haben sich aber inzwischen dem bürgerlichen Leben angepaßt und sind seßhaft geworden.

Warum ist das Loch Ness so berühmt?

In der schottischen Grafschaft Inverness gibt es einen See, der 36 km lang, 1,5 km breit und bis 230 m tief ist und Loch Ness genannt wird („loch" bedeutet See). Seit Jahrhunderten geht die Sage, daß sich in diesem See ein riesiges, geheimnisvolles Tier verberge, das Ungeheuer von Loch Ness. Schon viele Menschen haben behauptet, „Nessie" gesehen zu haben. Angeblich ist das Ungeheuer 6 bis 13 m lang, hat einen länglichen Körper, einen Schlangenhals, einen flachen, breiten Kopf und Höcker auf dem Rücken. Aber bisher konnte seine Existenz noch nicht bewiesen werden. Man vermutet, daß es sich um ein Reptil handelt, das anderswo ausgestorben ist, es könnte jedoch auch ein Riesenaal oder ein Seehund sein. Vielleicht ist es aber auch nur ein gesunkenes Schiff, das ab und zu nach oben treibt! Die meisten Wissenschaftler sind nämlich der Ansicht, daß ein Tier wie das Ungeheuer von Loch Ness in den schottischen Seen gar nicht leben könnte.

Was ist eine Geisha?

Die traditionelle Kleidung der Geishas hat sich bis heute kaum verändert.

Eine Geisha ist eine junge Japanerin (das Wort bedeutet ,,Künstlerin"), die in einem Teehaus die Rolle der Gastgeberin übernimmt. Um Geisha zu werden, müssen die jungen Mädchen eine besondere Schule besuchen, auf der sie unter anderem mehrere Sprachen, *Ikebana* (so nennt man die japanische Kunst, Blumen zu stecken), Theater, Tanz, Musik und Gesang, Tischsitten und Allgemeinbildung erlernen. Diese Ausbildung dauert so lange, daß viele der jungen Mädchen, die meist aus ärmeren Familien kommen, von ihren Eltern oft für mehrere Jahre an ein Teehaus ,,vermietet" werden, damit diese die Kosten bezahlen können.

Was ist ein Kimono?

Der Kimono ist das traditionelle Kleidungsstück der Japaner. Das Tragen des Kimonos ist ein alter Brauch. Obwohl die japanische Lebensweise immer mehr von der westlichen Welt beeinflußt wird, tragen noch viele Japaner zu Hause einen Kimono. Sie wollen auf diese Weise die alten Sitten bewahren und auch ein wenig dem modernen Leben entfliehen. Der Kimono hat sehr weite Ärmel und wird in der Taille durch einen Gürtel – Obi genannt – zusammengehalten. Für die Hausarbeit legt die Japanerin einen Baumwollkimono an; zu festlichen Anlässen und Zeremonien trägt man reich verzierte Seidenkimonos. Bei Judo, Karate und Jiu-Jitsu sind die Kimonos aus sehr festen, unzerreißbaren Stoffen.

Wie groß sind die Pygmäen?

Bei den meisten Völkern der Erde werden die ausgewachsenen Menschen im Durchschnitt 1,50 m bis 1,80 m groß. Einige Völker sind besonders hochgewachsen, zum Beispiel die Watussi in Ostafrika, bei denen die Männer 1,90 m und sogar 2,25 m groß sind.

Pygmäen sind Menschen von sehr kleinem Wuchs; die Männer werden selten größer als 1,50 m. In Zaïre in Zentralafrika leben Pygmäenstämme im dichten Urwald. Es gibt aber auch Zwergvölker auf einigen Inseln des Indischen Ozeans und in Asien. Die Pygmäen leben vor allem von der Jagd und vom Fischfang, außerdem von den Früchten des Waldes und von Wurzeln. Wenn die Nahrungsvorräte in ihrer Gegend aufgebraucht sind, ziehen sie in ein anderes Gebiet; sie führen also eine Art Nomadenleben und betreiben aus diesem Grund kaum Ackerbau und Viehzucht. Im allgemeinen ist der älteste Mann eines Pygmäenstammes auch der Häuptling.

Wie sieht es am Südpol aus?

Das Südpolargebiet, die Antarktis, ist ein riesiger Kontinent, weitab von der zivilisierten Welt. Es ist die kälteste Region der Erde. Temperaturen von 70° unter Null machen dieses Gebiet für den Menschen unbewohnbar. Die Fläche des Südpolargebietes ist $1^1/_2$ mal so groß wie die von Europa. Sie ist mit einer dicken Eisschicht bedeckt und liegt 3000 m über dem Meeresspiegel. Hier leben Sturmvögel, Albatrosse und die berühmten Pinguine. Außerdem gibt es im Meer Wale, Südrobben und See-Elefanten.

Der erste, dem es gelang, die gewaltigen Eismassen am Südpol zu überwinden, war der Engländer James Clarke Ross. Im Jahre 1839 bahnte er sich mit zwei Schiffen einen Weg durch das später nach ihm benannte Ross-Schelfeis und eröffnete damit eine Route für weitere Südpolexpeditionen. Der norwegische Polarforscher Amundsen erreichte im Jahre 1911 als erster den Südpol.

Junger Adeliepinguin

Wer lebt am Nordpol?

Die ursprüngliche Bevölkerung des Nordpolargebietes setzt sich aus Eskimos, Grönländern und den Völkern Nordasiens zusammen. Diese Menschen haben sich ganz dem rauhen Klima dieser Gegend angepaßt. Ein Teil der Eskimos lebt noch in *Iglus* (das sind kuppelförmige Häuser, die aus Eisblöcken gebaut sind). Ihr Transportmittel sind die von Polarhunden gezogenen Schlitten. Sie jagen Moschusochsen und Rentiere. Das Fleisch der erlegten Tiere essen sie roh, genau wie die Fische, die sie im Eismeer fangen. Aus den Tierhäuten machen sie sich Kleidungsstücke und Decken. Im Laufe der Jahrhunderte sind die Eskimos mit den Europäern und den Amerikanern immer mehr in Berührung gekommen. Das hat sich bei einigen unter ihnen auch auf die Lebensweise ausgewirkt. Sie leben jetzt in richtigen Häusern, fahren Motorschlitten und haben ihre Harpunen gegen Gewehre eingetauscht.

Dieser Eskimo fischt in einem Eisloch.

Diese Männer sind Tuareg. Je nach ihrem Rang tragen sie weiße, schwarze oder blaue Turbane.

Wer sind die Tuareg?

Mitten in der unwirtlichen Sahara, südlich von Algerien und Libyen bis hin zum Niger, leben die Tuareg. Sie gehören zum Volk der Berber und bilden verschiedene Gruppen oder Stämme. Ihre Gesamtzahl wird auf 30 000 geschätzt. Die Tuareg (in der Einzahl Targi) sind Nomaden, das heißt, sie sind immer auf Wanderschaft, auf der Suche nach guten Weideplätzen für ihre Herden. Das ist nicht leicht in diesen trockenen Regionen. Die Tuareg leben von der Viehzucht und betreiben auch ein wenig Ackerbau. Außerdem handeln sie mit anderen Wüstenvölkern: Sie tauschen Salz gegen Getreide. Ihre Gewänder sind aus leuchtendblauem Stoff, der so stark abfärbt, daß ihre Haut blau aussieht. Aus diesem Grund werden sie auch „Blaue Ritter der Wüste" genannt.

Wie leben die Lappen?

Lappland, die Heimat der Lappen, reicht von Norwegen über Schweden nach Finnland und bis in die Sowjetunion hinein. Es gibt insgesamt noch ungefähr 30 000 Lappen, aber sie haben nicht alle die gleiche Lebensweise.

Ursprünglich waren die Lappen ein Nomadenvolk, das ohne festen Wohnsitz seinen Rentierherden folgte. Das Rentier lieferte ihnen fast alles, was sie zum Leben brauchten: Milch, Käse, Butter, Fleisch sowie Leder, aus dem sie ihre Kleidung und Zelte fertigten.

Heute sind die Lappen meist seßhaft oder Halbnomaden, das heißt, sie ziehen im Sommer mit ihren Rentierherden in den Norden, wo die Tiere auf saftigen Weiden grasen können. Die Lappen wohnen dort entweder in Hütten aus Torf oder Rasenboden oder in Zelten aus Tierhäuten. Erst im Herbst kehren sie wieder zurück. Im Winter leben sie in festen Siedlungen. Sie sind auch gute Jäger, Fischer und Holzfäller. Ihre Kleider sind sehr farbenfroh und meist mit vielen bunten Bändern geschmückt.

Die Lappen tragen ihre Babies in Wiegen aus ausgehöhlten Baumstämmen.

Wie lang ist die Chinesische Mauer?

Die Chinesische Mauer ist das größte Bauwerk der Welt. Sie ist 2450 km lang, das ist etwa dreimal so lang wie die Entfernung von Hamburg nach München! Der größte Teil der Mauer wurde im 2. Jahrhundert v. Chr. im Norden Chinas erbaut, um das chinesische Reich gegen die Angriffe der Nomadenstämme zu schützen. Große Teile der Mauer sind noch heute erhalten. In bestimmten Abständen stehen Wachttürme und Befestigungsanlagen. Die Straße auf der Mauer diente ursprünglich als Versorgungsweg für die Soldaten der Wachttürme. Sie ist 6 bis 11 m breit, so daß ein Wagen bequem darauf fahren kann.

Blick auf die Chinesische Mauer.

Die Mariä-Verkündigungs-Kathedrale, eine der vielen Kirchen auf dem Kathedralen-Platz im Kreml.

Wo liegt der Rote Platz?

Der Rote Platz liegt in der Stadtmitte der sowjetischen Hauptstadt Moskau. Dieser riesige Platz wird im Westen von der Kreml-Mauer begrenzt. Der Kreml ist eine viele Jahrhunderte alte befestigte Anlage verschiedener Bauwerke, Paläste und Kirchen. Lange Zeit hatte die sowjetische Regierung hier ihren Sitz, heute sind dort überwiegend Museen untergebracht. Vor der Kreml-Mauer befindet sich das weltberühmte Lenin-Mausoleum. Ein weiteres berühmtes Bauwerk auf dem Roten Platz ist die Basilius-Kathedrale aus dem 16. Jahrhundert, in der nach der Oktoberrevolution von 1917 ein Museum eingerichtet wurde. An bestimmten nationalen Feiertagen dient der Rote Platz heute überwiegend als Paradeplatz.

Was ist die „Verbotene Stadt"?

„Verbotene Stadt" ist heute noch der Name eines der ältesten Teile Pekings. Dieses Viertel, von einer roten Mauer umgeben, besteht aus zahlreichen prunkvollen Palästen, Höfen und Brücken. Früher durften nur Angehörige der Oberschicht die „Verbotene Stadt" betreten, heute kann natürlich jedermann dort spazierengehen, sich die einmaligen Kunstsammlungen im alten Kaiserpalast ansehen oder auch mit dem Omnibus hindurchfahren.

Peking war im Laufe seiner Geschichte Sitz vieler Kaiserdynastien und wechselte mehrfach seinen Namen. 1215 wurde die Stadt von Dschingis Khan erobert, später wurde sie dann Hauptstadt des mongolischen Kaiserreiches. Heute ist Peking die Hauptstadt der Volksrepublik China, die im Jahre 1949 ausgerufen wurde.

Blick auf Manhattan, den Stadtteil von New York mit den meisten Wolkenkratzern.

Wo liegt Manhattan?

Manhattan ist der historische Kern von New York und auch heute noch das Herz dieser Weltstadt. Es liegt auf einer 22 km langen und 3,5 km breiten Insel. Sie wird im Osten vom East River, im Westen vom Hudson River, im Norden vom Harlem River und im Süden von der New York Bay begrenzt und ist mit dem Festland durch zahllose Brücken, Tunnel und U-Bahn-Linien verbunden. Zu Manhattan gehören viele weltberühmte Namen: Der Broadway, ein weltweit bekanntes Theater- und Vergnügungszentrum, der Central Park und die Wall Street mit ihren unzähligen Wolkenkratzern und der berühmten New Yorker Börse.

Die Wall Street hat ihren Namen von einem Schutzwall, den man im Jahre 1652 als Befestigungsanlage gegen feindliche Angriffe erbaut hatte.

Wer erbaute den Eiffelturm?

Der Eiffelturm, das Wahrzeichen von Paris, ist auf der ganzen Welt berühmt. Seit dem Ende des 19. Jahrhunderts beherrscht dieses Bauwerk das Stadtbild der französischen Hauptstadt. Es wurde von dem französischen Ingenieur Alexandre Gustave Eiffel zur Weltausstellung in Paris im Jahre 1889 erbaut. Der Turm ist rund 300 m hoch und gehörte lange Zeit zu den höchsten Gebäuden der Welt. Für den Bau brauchte man 7500 Tonnen Eisen sowie 2,5 Millionen Nieten und Bolzen. An der Spitze des Eiffelturms wurden im Laufe der Zeit verschiedene Veränderungen vorgenommen. Zunächst brachte man dort meteorologische Instrumente an, dann Radio- und Fernsehantennen, Radargeräte für Flugzeuge und schließlich Meßinstrumente, mit denen sich der Radioaktivitätsgehalt der Luft ermitteln läßt. Auf diese Weise ist der Turm inzwischen um etwa 25 Meter „gewachsen".

Die drei Plattformen des Eiffelturms befinden sich in 57, 115 und 276 Meter Höhe. Von hier aus hat man bei klarem Wetter einen herrlichen Ausblick auf Paris und Umgebung.

Sachregister

Die *kursiv* gedruckten Seitenzahlen verweisen auf Abbildungen

ISBN 3-7886-3010/8

Bildquellen:

O = oben; U = unten; M = Mitte; R = rechts; L = links; LO = links oben; LU = links unten; RO = rechts oben; RU = rechts unten; OM = oben Mitte; UM = unten Mitte; MR = Mitte rechts; ML = Mitte links.

Ardea: J. R. & S. Bottomley: 62; D. Arnhem: 55 O, 56, 61; R. Arnhem: 119 O; Atlas Copco: 88; T. Autenboer: 52; W. Badelt: Vorsatzblatt LO, 32, 96, 111, 113, 120; P. Berger: 14; A. Bijnens: 51; G. Bonhivers: 36 (Foto); de Pourtalès R.: Vorsatzblatt OM, LU; E. De Vocht: 11, 25 O, 25 U, 26 O, 30, 33 U, 35, 38, 39 O, 39 U, 41 O, 43, 45, 46 L, 46 R, 48, 53, 54, 66 L, 66 R, 67, 73 RO, 73 U, 74, 76 O, 76 U, 79, 80 O, 81, 83 O, 83 U, 84, 94-1, 103 O, 103 U, 109, 114 O, 117; Elorg: 86; Gazet van Antwerpen: 33 O, 77, 121 U; R. Hoyaux: 91, 106, 119 U, 121 O; Ker Arvor, J. C. Raveneau: 20, 31, 97; Laansma D. A.: Vorsatzblatt ML, RO, 34, 94-2; Lambrecht: 24, 94-6; D. Lodewijckx: 36 (Zeichnung); NASA: 17, 19; Philips: 73 LO; P. Piron: Vorsatzblatt M, MR, 21, 37, 41 U, 44 O, 44 U, 49, 57, 71, 93, 94-3, 94-5, 99, 114 U, 115, 116; P & P, S. Cordier: 50; F. Raes: 63; A. Samyn: 58, 60; Y. Schaltin: 89, 112; Tessloff Verlag: Vorsatzblatt RU; 80 M; L. Van Gucht: 92; Van Massenhove: 29; H. Verbruggen: 26 U; B. Verhenne: 123; Vorsselmans – Verbruggen: Vorsatzblatt UM, 55 U; W. Wuyts: 104, 108; Zefa, Dr. P. W. Thiele: 94-4, 101; Zefa, M. S.: 118; Zefa, Studio Benser: 122; ZNU: 4, 41 M, 90.